Silêncio e Clamor

COLEÇÃO SIGNOS dirigida por Augusto de Campos

Supervisão editorial J. Guinsburg
Capa e projeto gráfico Sergio Kon
Revisão de provas Marcio Honorio de Godoy
Produção Ricardo W. Neves, Sergio Kon e Raquel Fernandes Abranches

Dados Internacionais de Catalogação na Publicação (CIP)
(Câmara Brasileira do Livro, SP, Brasil)

Guenádi Aigui: silêncio e clamor / Boris Schnaiderman, Jerusa
   Pires Ferreira, (orgs.). – São Paulo: Perspectiva, 2010. – (Signos;
   50 / dirigida por Augusto de Campos)

ISBN 978-85-273-0902-8

1. Aigui, Guenádi, 1934-2005 – Crítica e interpretação 2. Poesia
russa I. Schnaiderman, Boris. II. Ferreira, Jerusa Pires.
III. Campos, Augusto de. IV. Série.

10-13366   CDD-891.7
             Índices para catálogo sistemático:
        1. Poetas russos: Crítica e interpretação   891.7

Direitos reservados à
EDITORA PERSPECTIVA S.A.
Av. Brigadeiro Luís Antônio, 3025
01401-000 São Paulo SP Brasil
Telefax: (11) 3885-8388
www.editoraperspectiva.com.br
2010

Boris Schnaiderman
Jerusa Pires Ferreira
(orgs.)

Guenádi Aigui
Silêncio e Clamor

 PERSPECTIVA

Sumário

13 Ao Leitor

GUENÁDI AIGUI: DELE E POR ELE

17 Aigui: Entre a Abstração e a História
31 Guenádi Aigui: Poeta, Canto e Terra-Mãe
37 Sobre Mim Mesmo Sucintamente
43 O "Dossiê" de 1958
49 O Enterro e a Prisão

DIÁLOGOS

55 Guenádi Aigui e Mikhail Svietlóv
61 Sobre Vladímir Maiakóvski
67 Eu Perdi Não Só um Grande Poeta, mas um Amigo, um Guia…

SONO-MUNDO

75 Campo: No Forte do Inverno
77 Sono e Poesia
97 Sobre as Pedras de Prantl
98 Verão com Prantl
103 O Nosso
105 Silêncio
109 O Ruído das Bétulas
110 Vista com Árvores
111 Guache
112 Fome – 1947

SEMPRE MAIS LONGE ENTRE AS NEVES

117 No Meio do Campo
118 Recordação Repentina
119 Página
120 Jardim-Tristeza
121 Sem Título
122 O Povo como Templo
123 Dois Epílogos
124 Captura do Verão
125 Na Doença de um Amigo
126 Casímir Malévitch
128 Atítulo
129 Sobre a Leitura em Voz Alta do Poema "Atítulo"
130 E: Círculo do Amor
133 Rosa do Silêncio
134 Dedicatória

137 Depoimentos
141 Referências das Imagens

Ao Leitor

Este livro contém textos de Guenádi Aigui, organizados e traduzidos do russo por seu interlocutor brasileiro e amigo Boris Schnaiderman, com a colaboração, em todo este trabalho, de Jerusa Pires Ferreira.

* * *

O volume já estava digitado na editora, em vias de ser impresso, quando Boris e Jerusa receberam de sua amiga Cristina Dunáeva a recente edição das obras reunidas de Aigui em russo, *Sobrânie sotchiniênii*, uma sucessão de livros pequenos, elegantes, de um acabamento impecável[1]. A organização coube à viúva do poeta, Galina Aigui, e a Aleksandr Makárov – Krótkov. Cada livrinho é acompanhado de um texto ensaístico, cada um deles escrito por um estudioso russo de sua obra. A edição contou com a ajuda financeira do Pen Clube alemão, do DAAD (Deutscher

---

[1] Moscou: Guileia (Hylea), 2009, 7 v.

Akademischer Austauschdienst) e da Real Academia da Suécia.

A presença do DAAD entre os financiadores da edição se deve ao fato de Aigui ter passado um período na Alemanha a convite dessa organização. Já a Real Academia da Suécia manifestou, com sua participação, interesse pela obra de Aigui que fora proposta para o Prêmio Nobel por um abaixo-assinado de estudiosos de sua obra, de diferentes países, entre os quais estava um dos autores deste livro, Boris Schnaiderman.

Foi ainda Cristina Dunáeva que os presenteou, há poucos anos, com a grande antologia de Aigui, *Razgovor na rastoiânii* (Conversa à Distância)[2].

É uma dívida de gratidão para com Galina Aigui e o poeta Léon Robel que os organizadores e a editora registram especialmente, tanto mais quanto, graças a ela, a publicação dos textos aqui reunidos se tornou mais completa e precisa.

[2] São Petersburgo: Limbus, 2001.

Guenádi Aigui: Dele e Por Ele

Aigui:
Entre a Abstração e a História

Aigui, meu amigo de muitos anos, um irmão. Lembro-me de seu vulto franzino, os olhos mongólicos num rosto de zigomas salientes, cigarro sempre na boca.

Uma série de circunstâncias me ligou à difusão de sua obra no mundo. Sua língua materna era o tchuvache, mas passaria a expressar-se em russo.

Graças ao contato estabelecido com ele na década de 1960, fiquei sabendo que os tchuvaches eram um povo com pouco mais de um milhão e meio de habitantes, estabelecido na margem direita do Volga, e menos de um milhão em regiões vizinhas. Constituem a República Autônoma Tchuváchia, fundada em 1925, mas, evidentemente, os anos de stalinismo só lhes permitiram uma autonomia bem limitada.

Descendentes dos hunos, que se fixaram ali antes de investir contra o Ocidente europeu no século V, sua língua pertence ao grupo búlgaro do ramo huno-ocidental das línguas túrquicas, embora seja bem diferente da língua da Bulgária, que é um idioma eslavo. Em circunstâncias históricas bem difíceis, esse povo desenvolveu uma cultura muito rica, embora a sua escrita atual date somente dos anos de 1870.

Aigui estudou no Instituto de Literatura Mundial Máximo Gorki de Moscou, quando ficou muito ligado a Boris Pasternak e ao grande poeta turco Nazim Hikmet, e foi criando a sua obra primeiro em tchuvache, depois em russo. Essa fase de sua vida ficou marcada, porém, pelo início de um ostracismo de cerca de três décadas. Atacado, sem possibilidades de defesa, em sessões públicas, por causa da poesia que estava escrevendo, considerada sem vínculos com a vida, "alienada", foi expulso da Juventude Comunista (*Komsomol*) e impedido por muitos anos de publicar seus textos. Na ata de sua exclusão do Instituto, especificava-se o delito: "elaboração de um livro de versos hostil, que subvertia os fundamentos do realismo socialista".

Isso resultava realmente numa condição dramática, pois um jovem nessa situação ficava praticamente excluído da vida profissional. Pesava, ao mesmo tempo, sobre Aigui, a ameaça de ser condenado por vadiagem e de ser enviado à Sibéria, em residência forçada, como aconteceria pouco depois com Joseph Brodsky.

Viajou então para hospedar-se com amigos em Irkutsk, igualmente, na Sibéria, procurou ali emprego, mas, não tendo conseguido nada, voltou à Tchuváchia. De novo em Moscou, passou um ano dormindo em bancos de uma estação ferroviária, mas acabou se enturmando com um grupo de artistas plásticos, que lhe deram cobertura material e moral.

Surgiu daí sua amizade com Vladímir Iácovlev, que acabaria encerrado num manicômio. Também fazia parte do grupo Ígor Vúlokh, "que se revelou, finalmente, como o nosso pintor mais importante", diria Aigui numa entrevista[1].

Todavia, a partir dos fins da década de 1950, o "degelo" de Khruschóv parecia o início de um desafogo, e Aigui chegou a trabalhar por uns dez anos no Museu-Biblioteca Maiakóvski de Moscou, onde contribuiu decisivamente para a divulgação, então ocorrida, das obras de vanguarda russa do começo do século.

Esta se tornou, aliás, uma de suas grandes preocupações. Era muito ligado a Aleksiéi Krutchônikh, o poeta radical por excelência entre os radicais da década de 1910, e que emudecera em 1930. Ademais, Aigui estava de antenas ligadas em tudo o que se fazia de mais avançado na Rússia, em termos de arte moderna.

O Museu-Biblioteca Maiakóvski, instalado na casa em que residiram Ossip e Lília Brik, e onde sublocavam um quarto ao poeta[2], acabou simplesmente fechado e os materiais todos foram transferidos para uma instalação mais imponente, no centro de Moscou, e que existe até hoje: o Museu Estatal V. V. Maiakóvski.

Houve um momento em que o gelo parecia derreter-se de vez. Ele estava sem publicar nada a não ser importantes traduções de poesia para os tchuvaches, mas, em 1961, a *Litieratúrnaia Gazieta*, de Moscou, divulgou alguns poemas seus, precedidos de uma apresentação

[1] "A Missão do Poeta", entrevista com Galina Gordiéieva, incluída na grande coletânea de Aigui, *Razgovor na rasstoiânii*, 2001, p. 271.
[2] Um histórico do relacionamento de Óssip e Lília Brik com Maiakóvski foi estabelecido com traços de humana compreensão e domínio vigoroso da realidade poética por Augusto de Campos no ensaio "Maiakóvski, 50 Anos Depois", publicado pelo *Jornal da Tarde*, em 28/06/1980. Está reproduzido em A. de Campos; H. de Campos; B. Schnaiderman, *Maiakóvski: Poemas*, São Paulo: Perspectiva, 7. ed., 2003, p. 153-161.

do poeta Mikhail Svietlóv, que fora seu professor no Instituto[3].

Vãs esperanças! O próprio Khruschóv, que dera início à desestalinização e a certo desafogo no campo das artes, lançou-se depois numa verdadeira cruzada contra qualquer afastamento das normas estritas do "realismo socialista".

Antes disso, porém, em 1965, fui procurá-lo no Museu-Biblioteca, mas estava de férias na Tchuváchia, e eu só consegui deixar-lhe uma carta, com um pedido de materiais.

De volta a São Paulo, recebi um envelope alentado, mas, nessa primeira remessa, ele quase não falava de si nem de sua poética e dava-me informações abundantes sobre os tchuvaches. Acostumado como eu estava com as abordagens "imanentes", foi com esforço que pude compreender a importância daquela opção do poeta, que não estava marcada, diga-se de passagem, por qualquer "folclorismo" ou "cor local".

Foi o início de uma vasta correspondência, que me proporcionou muitas revelações surpreendentes: além de enviar a sua obra pelo correio, em cópias datilografadas, Aigui me supria de informações valiosas sobre o mundo em que vivia. Foi assim, também, que eu consegui textos de outros poetas, hoje incluídos na antologia *Poesia Russa Moderna*, que organizamos com Augusto e Haroldo de Campos, atualmente em sexta edição pela Perspectiva.

Contra as barreiras erguidas por dois sistemas ferozes de repressão, o mundo da cultura acabava encontrando suas vias de intercâmbio. Foi se estabelecendo, também, verdadeira corrente internacional de estudiosos de Aigui, e eu recebi textos seus das mais diversas procedências,

---

[3] Ver infra, p. 55.

enviados por leitores de sua obra que o haviam visitado em Moscou, e para os quais também acabei enviando cópias do que recebera dele. E essa rede de intercâmbio permanece até hoje.

Um passo importante para a divulgação dessa obra foi dado por Haroldo de Campos, que traduziu, em colaboração comigo, poemas de Aigui para o português, incluídos na antologia citada há pouco. Aliás, Haroldo havia conseguido informações importantes sobre ele com uma funcionária dos serviços culturais da embaixada soviética em Praga, onde ele estivera em 1964. (Ah, que tristeza e perplexidade a de Haroldo, voltando ao Brasil logo após o golpe!).

Escolhi a obra de Aigui como tema de um dos dois trabalhos monográficos exigidos para conseguir, em 1969, o direito de defender tese de doutorado na USP, mesmo sem ter diploma na área. Encaminhei-o ao saudoso professor Ruy Coelho, que estava encarregado de julgá-lo, e que ficou muito envolvido com a obra do poeta. Reelaborei em seguida o texto e o transformei em artigo, que foi publicado em dois números do Suplemento Literário de O *Estado de S.Paulo*, em 11 e 18/04/1971, com o título "A Importância de Ser Tchuvache" – uma glosa da exclamação dos parisienses, registrada pelo persa Rica das *Cartas Persas* de Montesquieu: "Como é possível ser persa?", além da evidente alusão a *The Importance of Being Earnest* (A Importância de Ser Honesto) de Wilde.

Guardo ainda as cartas em que Aigui expressava a sua alegria e perplexidade por ser assim compreendido do outro lado do mundo (ele conseguiu, não sei como, que alguém lhe traduzisse do português os materiais recebidos pelo correio).

Pude ir a Moscou em 1972, como participante de um seminário sobre ensino da língua russa, procurei Aigui, que estava atravessando novamente uma situação de grande penúria. Ao mesmo tempo, era muito conhecido em países do Leste europeu. Estava traduzido para o tcheco, o eslovaco, o húngaro, o polonês e o servo-croata. Além disso, havia recebido um prêmio da Academia de Letras Francesa, graças a uma antologia da poesia daquele país, que realizara em tchuvache (tenho até hoje na estante esse imponente volume, que não consigo ler), mas não fora autorizado a viajar para recebê-lo.

Nosso primeiro encontro ficou marcado por um fato poético notável. Mandei-lhe um bilhete, pedindo que combinasse uma hora para ir a sua casa. Pois bem, em vez de responder: "Espero você às oito da noite", ele escreveu um belo poema, num cartão postal com reprodução de um ícone, poema que ele talvez tenha depois perdido, pois não o vi reproduzido nas edições de sua poesia.

A partir de então, com frequência, quando eu esperava de Aigui alguma informação sobre um fato dado, surgia um texto altamente poético, ora em verso, ora em prosa epistolar, mas que tendia evidentemente para a reflexão transcendental e poética. Tudo isso não era casual e ligava-se à tensão permanente que vejo em sua obra entre a abstração, a linguagem que procura expressar o cerne, o essencial do que acontece, o mais profundo da existência, e a necessidade de manter contato com o mundo, os acontecimentos imediatos, o dia a dia. Assim, se a sua poesia está marcada pelo anseio de transcendência, o impulso inicial é dado quase sempre por um evento do cotidiano, o que se liga a todo um modo de conceber a historicidade.

Justamente essa oscilação entre o essencial e transcendente e os dados imediatos da existência fez com que eu incluísse neste livro textos em tom narrativo e outros que tendem para a abstração.

Realmente, o mergulho no mundo de Aigui me trouxe grandes surpresas e alegrias. Aliás, logo após o recebimento de seus primeiros textos, passei a refletir sobre o porquê de meu encantamento com eles.

Já em meu trabalho de 1971, eu citava o crítico tcheco Zdenek Mathausen, para quem o oximoro seria "o princípio central da obra de Aigui". Mas, seria mesmo? Em todo caso, ocorrem ali outras figuras também, que suscitam com frequência um clima de estranheza, de indefinição e vaguidade. Eis exemplos que eu então citava:

"Rosto pálido – casca dourada do silêncio"; "a luz do som, a luz do olhar, a luz do silêncio"; "Oh, eu te vejo como luz numa laranja, quando cortada"; "o teu silêncio iluminava as íris / de longe, ainda sem tocar"; "a cabeça / num movimento brusco de jaguar, / e, voltando-me, esqueço as palavras"; "mais quieto que os ombros, mais quieto que o pescoço / e mais quieto que as mãos"; "A água amarela / no curral / é distante, fria, apriorística"; "As profundezas crepitam / esverdeadas lusco-fuscando"; "ali, as agulhas do sangue do jasmim"; "Comecem a nomear sem nome, / como que atirando linhas brancas que se cruzam"; "e eu choro, choro, choro / em todos os cantos / de mim mesmo"; "sarabanda-espaço" / "onde entenderam as mulheres, entenderam os números"; "podemos partilhar a voz e o hálito, / mas o assassínio aqui está soldado em nós" (do poema "Guerra"); "Naqueles dias é possível só em vossas pálpebras / se conservava o seu sono terrestre" (de um poema dedicado a O. Ivínskaia, o último amor de Pasternak); "mas o sexo é qual marca no céu, / qual pássaro alheio e sem nome", "a aveia / que te imita com os grãos"; "como um raio vazio"; "qual rede invisível de borboletas / assassinadas enquanto inseparáveis"; "tu a partir do fim"; "na tranquilidade feminina / há um lugar-crepúsculo e um lugar-manhã"; "mais transparente que um vestígio de linfa / num manuscrito antigo"; "e a luz: em parte alguma revestindo imagens: não contida por elas jamais"; "num cadáver não há vogal... a morte é som"; "Nu como o carvão: o tem existe"; "e a vida se retirava para dentro de si como uma estrada para dentro das matas / e passou a me parecer seu hieróglifo / a palavra 'aqui'"; "devo chegar com meus lábios / a seus olhos infinitos"; "eu a amarei com minhas mãos e meus olhos / com o silêncio e o sono, e com as ruas de meus versos"; "ó céu-janela!..."; "quando nem a neve nem os trilhos, apenas a música / medir o espaço entre os nossos túmulos"; "a alma se doura / no quadrado da janela!"

Num artigo posterior, eu transcrevia estas linhas e acrescentava:

> Não adianta! Dá vontade de reproduzir todas as imagens tão incisivas de seus versos. Para transcrever as imagens, eu as separei do contexto, suprimi o espaçamento peculiar do poema, em alguns casos (poucos) cheguei a simplificar a pontuação, para enquadrá-las nestas linhas. Realmente, Aigui tem de ser apreendido na totalidade de cada um de seus textos, ainda que nas poucas traduções existentes. As imagens em seus versos estão ligadas a toda a estrutura do poema, à sua sintaxe estranha, à utilização peculiar e inconfundível da pontuação, à realidade gráfica do poema como um todo[4].

Mas, relendo os poemas dos últimos anos, eu não encontro sempre a mesma imediatez das imagens contrastantes. A estranheza (do ponto de vista da linguagem comunicativa) se tornou mais abrangente, cada poema tem de ser examinado em seu conjunto, aquele artifício de que eu lançara mão, para citar as imagens dos poemas, se tornaria agora completamente absurdo. Mas também, num aparente paradoxo, passam a aparecer, cada vez mais, alusões a realidades bem concretas, como a invasão da Tchecoslováquia pelos soviéticos ou uma fila para comprar querosene.

Agora eu recordo nossa primeira conversa, noite a dentro, num apartamento minúsculo nos arredores de Moscou, as janelas escancaradas para um bosque de bétulas e Aigui emborcando cálices e mais cálices de vodca, enquanto mordiscava uns peixinhos miúdos, em companhia de um rapazinho novo, igualmente apaixonado por poesia.

Fiquei surpreendido quando ouvi o poeta dizer que a sua divergência com o poder soviético, origem da vida miserável que estava levando, era na verdade uma diferença estilística, pois outros poetas ousavam dizer coisas mais fortes, como crítica, e eram publicados. Aliás, bastava abrir uma revista literária russa para constatar a exatidão do que ele afirmava.

E agora, encerrado o seu caminho, tenho de constatar: foi com firmeza inabalável que ele soube manter esta diferença estilística até o último dia, aos 71 anos, não só contra o usual e consagrado na poesia russa, mas no mundo em geral (leia-se neste livro, como exemplo, a entrevista que ele concedeu à BBC de Londres, por ocasião da morte de René Char)[5]. Essa luta contra o abastardamento da palavra,

[5] Cf. p. 67.

contra a sua banalização, ressoa sempre em meus ouvidos, como um apelo, ou melhor, até como uma ordem.

Num mundo em que tudo, ou quase tudo, se amesquinha, seu verbo forte e seu exemplo inflexível nos servem de bússola e farol. É verdade que na poesia russa atual não são muitos os que trilham um caminho semelhante ao de Aigui. É tão mais simples seguir a tradição, as palavras medidas e regradas, como se aprendeu na escola! Ao mesmo tempo, fico muitas vezes surpreendido com os grandes poetas que conseguiram utilizar essa tradição com espírito inovador, com garra e astúcia, como foi o caso de Pasternak e alguns poucos mais. Mas o novo caminho (que já fora pressentido pelo iniciador, no começo do século XIX, da poesia dos novos tempos, Púschkin) tem os seus seguidores. É o caminho indicado por qualquer leitura que se faça das artes modernas em geral. Assim, não foi por acaso que Aigui sempre esteve tão ligado às outras artes.

Lembro-me do entusiasmo com que me falou da nova música russa, de sua relação com os compositores modernos. Isso se manifesta claramente pela atenção dedicada por ele à sonorização de seus poemas. Veja-se, nesse sentido, aquele que Haroldo e eu chamamos, em nossa tradução, de "atítulo", e que é acompanhado de pauta musical.

Sua ligação com Malévitch tem algo de orgânico, e vai muito além da admiração pela obra de um artista. Assim, não é por acaso que, no início do poema "Casímir Malévitch", aparece "a imagem do Pai". Noutra ocasião, ele seria mais explícito:

> Se alguém me perguntasse: "Quem é a sua imagem mais amada em arte?", eu responderia: "Casímir Malévitch". É um homem tipicamente pai em termos de arte. Eu consi-

dero que, no estabelecimento de minha poética, quem desempenhou um papel decisivo foi Casímir Malévitch[6].

Nas poucas vezes em que estivemos juntos e também pelo correio, ele sempre me presenteou com desenhos e reproduções de Vladímir Iácovlev, Ígor Vúlokh, N. Drônikov, Iliá Kabakóv e outros. Aliás, eu escrevi sobre Vúlokh no artigo "Em Torno de Duas Culturas":

> A arte perseguida, sufocada durante tantos anos, encontra finalmente condições para um desenvolvimento em seu próprio país. Mas, evidentemente, todos aqueles anos de opressão ainda pesam, não se passa instantaneamente, de modo impune, das catacumbas para a consagração plena. Assim, foi da Dinamarca e não da Rússia que me enviaram recentemente um álbum magnífico de reproduções do pintor Ígor Vúlokh, com versos de Aigui sobre ele, traduzidos para o dinamarquês e o inglês. São pinturas que estão no Kunstmuseum de Silkeborg. Como se vê, a perseguição contra determinado tipo de arte privou a Rússia de um acervo muito rico. E é num álbum dinamarquês que eu vejo agora uma interpretação muito pessoal e profunda da paisagem russa, das planícies geladas, dos campos de cultivo, das planícies sem fim, uma interpretação que traz o sinal muito forte de um contato com as correntes modernas da pintura, inclusive o abstracionismo.

[6] Trecho da resposta de Aigui à saudação que lhe foi dirigida pelo poeta Ievtuchenko, na sessão em sua homenagem realizada na Casa dos Escritores A. Fadiéiev, em Moscou, em 24/01/1988, e que marcou a sua plena reabilitação. Esta citação consta em meu artigo "Em Torno de Duas Culturas", publicado pela *Folha de S.Paulo* em 24/12/1988. Nesse artigo, ao comentar o local em que se realizou aquela homenagem, eu escrevia: "As contradições do mundo russo! Pense-se um pouco na estreiteza e grossura das formulações do próprio Fadiéiev sobre arte e literatura, desse romancista que tinha vigor e talento e que se suicidou em 1956, após a revelação dos crimes de Stálin".

Certamente, ainda se passarão muitos anos até que se superem os prejuízos causados pela divisão do mundo em dois campos opostos[7].

A partir de meados de 1980, ele pôde viajar bastante pela Europa, saudado como uma das grandes vozes da poesia moderna.

Fui revê-lo, ainda, em Moscou, em 1987, quando Jerusa e eu fomos visitá-lo em seu apartamento acanhado, num subúrbio distante, onde vivia com a mulher, sua companheira dedicada, Galina Kubróvskaia-Aigui. Quase esquálido, parecia evanescente e rabiscava sem parar. Foi então que escreveu o poema "E: Círculo de Amor", dedicado a Jerusa, "rosa chamejante do Brasil", e que incluo agora neste livro[8].

Pudemos reencontrá-lo, desta vez em Paris, na homenagem em 1994 no Centro Georges Pompidou, por ocasião de seu sexagésimo aniversário. Uma homenagem promovida pelo seu grande divulgador francês, o poeta e ensaísta Léon Robel, sempre incansável na afirmação da importância dessa obra. Na ocasião, tive contato com alguns dos tradutores e estudiosos de Aigui, vindos de diferentes países.

Haroldo se encontrou com ele numa reunião internacional de poetas em 1993, em Copenhage, e é dessa época um retrato estranho: Haroldo corpulento, imponente, Aigui pequenino e magricela como sempre, Haroldo esboçando um quase-sorriso, Aigui bem sério e compenetrado[9].

[7] *Folha de S. Paulo*, 24/12/1988.
[8] Ver infra, p. 130.
[9] Cf. infra, foto na p. 139.

Sua voz constrói-se, em minha lembrança, numa verdadeira polifonia e uma orgia de cores e formas. Com seu emudecimento, sem dúvida alguma, nosso mundo ficou mais pobre.

B. S.

Guenádi Aigui:
Poeta, Canto e Terra-Mãe

Fiz em 1987 minha primeira viagem à Rússia, ainda União Soviética, deslumbramento e curiosidades acumuladas ao longo da vida, percepção e constatações paradoxais, novos encontros e conhecimentos. Como se toda uma história se apresentasse diante de mim, de uma vez e de repente. Aquela imensidão a ser decifrada, entendida por partes, apreciada com inteireza, vivida com encantamento e as devidas perplexidades.

Tive então a felicidade de conhecer, através de Boris, o poeta que realmente impressionava pela alma que conseguia derramar do fundo de seus olhos, pequena figura, leve e tão intensa, mostrando um compromisso permanente com vários tempos da existência, e do seu ofício maior: o de ser poeta. Sempre o soube tchuvache e fui juntando pequenas informações para formar um caminho rumo a ele. Que permitisse ler seu texto de vida e arte.

Passei a colecionar leituras, papéis, escritos, livros e dois cartazes que, enquadrados, foram habitar nosso quarto na Bahia.

Neles um homem e uma mulher tchuvache, apresentados em suas vestes, caligrafias, imagens, objetos, rodas da fortuna. Vigilantes da ordem e do equilíbrio do céu e da terra. Aquele casal estampado em minha parede, fazendo possível ali a presença de Guenádi Aigui e de sua terra natal, berço e alimento.

A primeira pergunta a nos fazermos parece ser a seguinte: o que significa para um poeta adepto das vanguardas e da expressão contemporânea ser neto de um xamã e pertencer a um pequeno povo das margens do Volga? Os tchuvaches até o século XIX não se serviam de um alfabeto convencional, e tinham na oralidade e nos gestos o suporte maior de sua comunicação. Isso traz naturalmente à baila alguns temas e suas significações mais precisas.

O conceito de xamanismo, embora diretamente ligado a práticas que pertencem a populações siberianas, atingiu por extensão outros povos, mas é utilizada correntemente, e Guenádi, ele próprio, se dizia neto de um xamã. Encontramos até o verbo xamanizar como dando conta do acesso a patamares inacessíveis aos não iniciados, falando-se em educação dos xamãs pelos espíritos, e associando-se a ela poderes especiais. Vem aí a ideia de toda uma reivindicação pan-asiática e também a defesa do patrimônio espiritual desses povos, assegurando-lhes um sentido da vida. E é preciso que lembremos a frequência e intensidade dos contatos e trocas entre esses povos (tchuvaches, buratis, kirguises, entre outros). Não se pode perder de vista o que há de comum nas culturas euro-asiáticas e nas enigmáticas migrações desses povos, seu estabelecimento e consequentes dominações. Se, de um lado, há a Iacútia no coração do xamanismo siberiano, há tantos outros povos nesse cadinho reprimido mas ainda vivo, alguns deles denotando um forte convívio com as representações budistas. Muitas vezes, a conversão ao cristianismo não representou inicialmente mais do que artifícios de vária ordem[1].

Há etnógrafos que se referem à religião dos tchuvaches trazendo ainda elementos de zoroastrismo e de judaísmo. O fato é que a vida social dos ancestrais de Guenádi Aigui está ligada profundamente aos ritos que implicam práticas do oral e do corpo e levam sobretudo a pensar na imersão daquela cultura numa ambiência definível em seus espaços, suas árvores sagradas, universo em que o cosmogônico se cumpre na organização da própria vida cotidiana. Em cada bordado de uma veste masculina ou feminina, em cada utensílio de fiar ou de caçar, está a poética de uma interpretação de mundo. Assim, a animização da floresta, o espírito de cada árvore, a presença de outros ritmos de percepção, lentos e profundos. Tempo/espaço sujeito a outras escalas, ao qual o xamanismo confiou a sua memória.

Tudo isso teria diretamente a ver com o desenvolvimento do jovem poeta, seu lugar de marginalidade, em relação às culturas centrais e ao poder centralizador, sua condição de pertencimento e de ligação com as experiências e as práticas simbólicas de seus ancestrais, fortes e insistentes, apesar de relegadas e resistentes diante de um mundo novo que se oferecia a ele.

Ao avaliar essa presença numa poética, o primeiro passo seria apontar como a operação minimalista dos sistemas de expressão, que não passaram pela retórica das culturas ocidentais, conseguiu se instalar em seu modo de dizer o mundo.

[1] Gavriil Ksenofontov, *Les Chamans de Siberie et leur tradition orale*. Trad. e prefácio de Yves Galthier. Paris: Albin Michel, 1998. É preciso ainda dizer que em 1929, Ksenofontov publica *Xamanismo e Cristianismo*, recolha de lendas em que o autor estabelece um paralelo original entre a mitologia xamânica e textos fundadores do cristianismo.

De fato, a poesia de Guenádi Aigui parece situar-se frente ao legado, inteireza, pertença, recuperando este outro ritmo que provém da natureza e de um modo humano que encarna poderes e aura da palavra poética.

Afinal, ele transita e exerce sua arte a partir de duas correntes que na Rússia se completavam a cada momento: *tradição* e *vanguardas* que vão se reunir num projeto revolucionário das artes do século XX.

Convivem nele a tradição, a terra-mãe, a força dos ancestrais, tudo o que emana dos cantos dos povos do Volga em seus textos pagãos e cristãos, e as rupturas rumo ao novo, transmitidas, recuperadas e instaladas na modernidade e na experimentação.

Assim sua condição de estudante de letras em Moscou, o ambiente que propiciou o caminho das artes experimentais, o conhecimento de um Bakhtin, um Maiakóvski, Jakobson, e em especial sua ligação, amizade e proximidade com um escritor e grande poeta, Boris Pasternak.

Mas insistentemente vivia nele a cultura de seu povo, todo um conjunto de lendas a transitarem, cantos e contos orais, práticas mágicas ritualizadas, que garantiram seus modos de ser e de expressar, imprimindo aí suas razões.

Pertencer a um desses povos significou também estar entre uma tradição e um sistema político oficial sufocante.

Daí a importância de sua descrição das festas, as modalidades que ainda compareciam em tempo já bem adiantado, em seu lugar de origem e de trânsito permanente, como se pode ver.

Entre as festividades religiosas, o poeta menciona as festas invernais da juventude, a festa primaveril em honra do sumo Tura, a comemoração dos mortos, a festa da floração da primavera com almoço coletivo nos cemitérios, aquela da gravidez da terra, quando era proibido perturbá-la, pisá-la com pés descalços, efetuar trabalhos agrícolas ou os almoços coletivos do outono. Sempre próximos aos segredos da natureza e ao equilíbrio das relações da comunidade com a sua conservação.

Assim não nos pareceria despropositado traduzir aqui um pequeno texto entre aqueles que se conectam com a antiga mitologia pagã dos tchuvaches, antologizados por Guenádi Aigui:

> Anúncio do Início da *Sinze* ou a "Gravidez da Terra"
>
> Eu, em nome de Tura, vos anuncio que está grávida a
>   Terra!
> Proíbe-se, é proibido fazer barulho, amassar a erva,
> E aquecer banho, e colher o grão, e debulhar, triturar,
> Proíbe-se, é proibido
> Revolver a Terra, tirar da Terra a pedra;
> Hoje, não se pode comer pães ou carnes;
> As vermelhas pintalgadas!
> E todos vistam branco, por dez dias inteiros![2]

A forte ligação do poeta com sua mãe, a cuja memória dedica o seu ensaio sobre os tchuvaches, sua cultura e poesia, chamando-a "filha de Jakur" e pertencente à tribo dos *Jumankk*, faz com que ele possa, desde o berço, recuperar o mundo desses conhecimentos que pertencem ao seu próprio corpo, e que vão marcar sua maneira de estar

---

2   La memória, *I canti popolari del Volga*, p. 250. Tradução do italiano por Jerusa Pires Ferreira. *I canti dei popoli del Volga*, I: Gennadij Ajgi, Antologia ciuvascia, Roma: Arti Grafiche Scalia, 1986, p. 50. Esta antologia também foi editada em inglês por Peter France, *An Anthology of Chuvash Poetry: An Anthology Compiled and Introduced by Gennady Aygi*, London/Boston: Forest, 1991.

no mundo. Nele as oralidades, as formas e os sons evocam poderes de cura e de vida, lidando com a própria morte.

Assim Guenádi Aigui consegue ser inteiramente poeta, mais que um ofício, exerce um sacerdócio em que conta criar como reinstalar ancestralidades, em que repercutem episódios de suas adaptações aos caminhos de outras práticas. E também em sentido contrário, como poeta conhecer o que de novo se oferecia e, num ir e vir ao futuro, retornar aos seus, a suas condições, a seus ritmos e imanências.

Mais que isso, através de sua palavra sempre oral no escrito, gráfica nos espaços, como costumo dizer, referindo-me ao Deus da página, com seus neumas, signos e outras pontuações do passado ou do devir, marcava o poeta a sua fala.

Outra coisa à qual não escapamos é mencionar o compromisso de estar presente todo o tempo em sua ação de escritor. Não há para ele a divisão do tempo sagrado ou profano, o tempo escandido de nossas sociedades atomizadas e compartimentadas. Era tudo tempo de poesia que o levava a dizer com os seus, e também com os outros que:

> Tenho distantes e inadaptadas as mãos
> E a janela é só um rosto branco
> Desenhado num branco de bétula[3].

J. P. F.

[3] Estes versos aparecem na versão italiana da vasta antologia da poesia tchuvache, organizada por Guenádi Aigui e traduzida por ele para o russo, mas não conseguimos localizá-los nessa língua.
Em uma conversa, ele manifestou sua tristeza por não ver esse livro publicado na Rússia. No entanto, na base de seu trabalho, saíram, fora da Rússia, as seguintes antologias, cada uma com algumas diferenças em relação à outra:
I canti del popoli del Volga I: Gennadij Ajgi, *Antologia ciuvascia*, Edizione italiana a cura di Gianroberto Scarcia e Alessandra Trevisan, Roma: Scalia, 1986.
An Anthology of Chuvash Poetry, Preface by Gennady Aygi, translation by Peter France, London/ Boston: Forest/Unesco, 1991. – B. S.

Sobre Mim Mesmo
Sucintamente

(Escrito em russo para a revista tcheca *Svĕt Sovĕtu*)

Nasci na Tchuváchia, num povoado com florestas sem fim, ao redor. Parte da minha infância (1939-1941) decorreu na Carélia, de onde a nossa família, durante a guerra, foi enviada de retorno à pátria. As impressões da Carélia encontraram expressão, bem recentemente, no ciclo dos meus versos sobre a infância.

Aigui é o sobrenome de nossa gente, conservado desde os tempos do paganismo, em tradução ele quer dizer "aquele mesmo".

Em meus primeiros versos escrevi muito sobre meu pai, o culto infantil e juvenil do pai se expressou também no meu primeiro livro de versos.

Dezenas de lembranças vivas estão ligadas a meu pai. A par dos relatos de minha mãe, elas testemunharam ter sido ele um homem extremamente sociável e expansivo, amigo das improvisações e das mistificações inocentes. Ele concluiu uma faculdade operária tchuvache e ensinava língua russa e literatura numa escola. Sua sociabilidade não entrava em conflito com seu nomadismo: não conseguia trabalhar no mesmo povoado mais de dois ou três anos; deste modo, a minha primeira infância decorreu em diferentes povoados tchuvaches, tártaros e morduínos[1]. Somente depois da morte de meu pai eu soube que, na juventude, ele se empolgara com a criação poética. Vários de seus poemas entraram em coletâneas tchuvaches.

Alguns anos atrás, escreveram numa revista tchuvache que ele era autor de um poema conhecido na tradição popular.

Depois da morte de meu pai, minha mãe contava que o admirável poeta tchuvache Vaslei Mita fora seu amigo próximo na faculdade operária. Ela me pedia que não lembrasse na escola o nome desse poeta: ele fora preso havia muito tempo, acusado de nacionalismo, e achavam que tinha morrido. Às vezes, aos domingos, me permitiam ir à feira, no povoado vizinho, onde Mita nascera. Eu corria para ver a casa em que ele tinha vivido.

Soube depois que Mita fora libertado em 1948 de um campo de trabalho e que, voltando ao povoado natal, empregou-se como guarda numa plantação de ervilha.

Eu me lembro de que meus amigos e eu roubávamos ervilhas nesse campo, mas não me lembro se o guarda nos enxotava. No outono do mesmo ano, Mita foi preso novamente e enviado mais uma vez para um campo de trabalho.

Em 1995, encontrei em Tcheboksári[2] o "nosso Vaslei", como nós o chamávamos. Provavelmente, apenas B.L. Pasternak provocou em mim semelhante impressão de nobreza espiritual, tão rara e luminosa. É possível que justamente por isso eu tenha falado dele a Pasternak. As

[1] Os tártaros do Volga são descendentes daqueles que no século XVI lutaram contra Ivan, o Terrível, e foram por ele derrotados. Povoam uma vasta região junto ao Volga, que inclui a cidade de Kazan, capital da República Autônoma Tártara. Os morduínos habitam a República Autônoma da Mordvínia, vizinha da Tchuváchia.
[2] A capital da República Autônoma da Tchuváchia.

saudações de Boris Leonídovitch[3], que eu transmitia a Mita, pareciam conversas. Mita, por sua vez, respondia--lhe do mesmo jeito.

Em nosso primeiro encontro, Vaslei me contou que meu pai gostava muito de Púschkin e tinha sido um dos primeiros a traduzir seus versos para o tchuvache. O seu maior êxito nesse sentido foi a tradução de "A Gabrilíada"[4], que permaneceu inédita.

Eu estava preparado para essa notícia: lembrava-me de como meu pai cantarolava com frequência aqueles versos de Púschkin: "A tempestade cobre o céu de treva [...]" lembro-me também de que, ficando em casa sozinho, eu tinha medo do retrato de Gógol, pendurado acima do armário de livros.

Meu pai chegou a ser o primeiro leitor de meu primeiro texto. Isso foi na Carélia, no outono de 1940. Voltando com minha mãe da mata, ficara surpreendido com uma árvore, que apenas começava a amarelar, em meio às outras, já desnudadas para o inverno. Minha mãe disse--me algo sobre a especial resistência daquela árvore. O pequeno relato, escrito por mim sobre esse episódio, deixou meu pai muito contente. Ele deu a sua opinião, como se fosse um voto. Essa seriedade ingênua se revelou mais efetiva bem posteriormente.

Desde criança, durante muito tempo eu fiz versos, que testemunhavam mais um respeito pela literatura como tal, que uma dedicação eficiente a algo sério, formulado de viva voz. Isso continuou por muito tempo, até os anos cinquenta. No entanto, eu sou grato a algo pouco numeroso e destituído

3 Prenome e patronímico de Pasternak.
4 Poema erótico e sacrílego de Púschkin, sobre a Virgem Maria, o Aracanjo Gabriel e o Espírito Santo, com referência também a Adão e Eva no Paraíso.

de pretensão que despertou em minha primeira infância o meu interesse pela literatura.

Meu pai foi morto em combate em 1943, nas proximidades de Smolénsk. Mita faleceu em 1957 em seu povoado natal; seu enterro, acompanhado por verdadeira multidão, foi algo inusitado na Tchuváchia.

Voltando da Carélia, residimos em nosso povoado, no sul da Tchuváchia. Havia ali duzentas casas, deixaram de voltar da guerra para lá perto de trezentos homens. Falando daqueles anos, eu não posso deixar de me referir ao trabalho penoso dos habitantes, à fome de 1946 e aos meus colegas de classe, muitos dos quais não conseguiram concluir o curso secundário.

No povoado havia poucos livros, logo eles estavam todos lidos. Lembro-me de um caso: pedi à direção do *kolkhoz*[5] brochuras quando estivessem sobrando. Ficou-me na memória uma delas: instruções para o combate ao gorgulho nos depósitos. Era difícil também conseguir livros na sede do distrito, onde eu depois cursei a escola normal. Até o outono de 1958, eu não tinha lido nenhum poeta russo do século XX além de Maiakóvski.

Esses anos e os seguintes ligam-se em minha memória, viva e dramaticamente, até à dor, com a imagem de minha mãe. Sua morte prematura coincidiu com o período em que fui vítima de ataques violentos na imprensa e em manifestações verbais. Minha mãe era meu único amigo, que compreendia plenamente as razões pelas quais eu defendia tenazmente minha concepção do dever de criação.

O seu comportamento no cotidiano lembrava o aperfeiçoamento moral de um artista. A seriedade e o que

---

[5] Estabelecimento agrícola baseado num sistema de cooperativa de produção.

havia de profundo em seu íntimo, a relação inquieta com tudo o que havia de vulgar e superficial destacavam-na dos demais, que me cercavam desde a infância.

O meu avô materno foi o último sacerdote pagão de nosso povoado, esta atribuição era transmitida por herança. Minha mãe conhecia bem os ritos pagãos, que eram recusados, mas não proibidos pela Igreja. Ela e sua irmã conheciam muitas orações e esconjuros pagãos, minha mãe os lia frequentemente a meu pedido. É possível que esses ritmos, que se gravaram por muito tempo em minha memória, me tenham preparado para meu ulterior encantamento com os versos livres de Mikhail Séspel, o mais talentoso dos poetas tchuvaches.

Passei a ser publicado em 1949, escrevi muito durante meu curso na escola de pedagogia. É difícil descobrir algo válido em meus versos daqueles anos.

Vou falar sucintamente sobre o período ulterior de minha vida, já mais próximo de nós.

Ingressei em 1958 no instituto literário de Moscou[6]. Assisti a aulas ministradas por V. B. Schklóvski, V. F. Asmus, S. M. Bondi, participei dos seminários de M. Svietlóv[7]. E, pensando no início de uma autoconsciência séria, eu sempre lembro em primeiro lugar de *Mon coeur mis a nu* (Meu Coração Desnudado) de Baudelaire e *O Nascimento da Tragédia* de Nietsche.

Em 1956, eu conheci B. L. Pasternak, a relação amistosa comigo foi mantida pelo poeta até sua morte. Ao contrário de opiniões expressas frequentemente, tenho certeza de que a poética de Pasternak não exerceu influência sobre mim. E sobre a influência de sua personalidade,

[6]   O Instituto de Literatura Mundial M. Gorki.
[7]   Alguns dos principais nomes dos estudos literários russos na época.

extraordinariamente forte e inesquecível, eu só poderia falar depois de me preparar como criador[8]. A estrutura dos meus versos da juventude está ligada com a produção da mocidade de Maiakóvski.

Para caracterizar meus versos desse período, vou transcrever um trecho do prefácio que escrevi para eles mais tarde:

> Nos últimos anos, pensando na criação poética em termos de desenvolvimento dos recursos poéticos , adivinhando a diferença entre os que constroem e os que refletem, eu não procurei voltar aos meus primeiros versos. Refletiram-se neles aqueles traços de juventude que, numa idade mais madura, começam a parecer perniciosos para a arte. Acrescentou-se algo pessoal ao romantismo inerente aos versos juvenis: o trabalho com o verso aparecia para mim, antes de tudo, como a obtenção de material poético. O olhar de fora sobre a língua russa, que me ajudou nos primeiros tempos, tinha que desaparecer.

Eu escrevo em russo desde 1960. O primeiro leitor que aprovou os meus textos foi Nazim Hikmet[9], que já me havia aconselhado, assim como Pasternak, a escrever nessa língua.

---

[8] Em junho de 1990, Aigui escreveu reminiscências sobre seus encontros com Boris Pasternak, com vistas à comemoração do centenário de nascimento deste. No entanto, elas só apareceram três anos depois, em tradução alemã de Karl Dedecius (Berlin: Rainer, 1993). Em russo, o texto saiu pela primeira vez na revista *Drujba Naródov* (Amizade Entre os Povos), em dezembro de 1993. Depois, foi publicado em livro, em 1997, com o título *Aigui sobre Pasternak*, acrescido de nove poemas de Aigui, na cidade ucraniana de Kherson, uma edição muito bonita de apenas 100 exemplares, um dos quais ele me deu de presente. O texto foi incluído também na grande coletânea de textos de Aigui, *Razgovor na rasstoiânii* (Conversa à Distância).

[9] O grande poeta turco Nazim Hikmet (Salônica, 1902 – Moscou, 1963).

O "Dossiê" de 1958

Materiais sobre o Estenograma da Seção da Komsomol
(Juventude Comunista) do Instituto Górki de Literatura
Moscou, 12 de março de 1958

Devido à natureza da publicação em que apareceu esse relato autobiográfico, Aigui não pôde relatar ali a sessão em que se votou sua exclusão da Komsomol (Juventude Comunista), na base do trabalho de conclusão de curso (uma tradução russa de poemas seus em tchuvache), limitando-se a ligeira referência aos ataques então sofridos.

Na realidade, foi uma longa sessão inquisitorial, em que o acusado chegou a ser atacado violentamente. Aigui me enviou uma cópia do estenograma, que, embora contivesse a assinatura do responsável pela taquigrafia, fora expurgado das ofensas mais pesadas dirigidas tanto a ele como ao orientador dos seminários de poesia no Instituto, o poeta Mikhail Svietlóv[10].

Embora se trate de um passado recente, o texto parece inacreditável. Os "crimes" de que ele era acusado consistiam no tom pessimista, alheio ao entusiasmo pela construção da sociedade comunista, no individualismo "próximo de uma exaltação nietzschiana do super-

[10] Ver "Guenádi Aigui e Mikhail Svietlóv", infra, p. 55.

-homem" e na falta de uma exaltação das características nacionais tchuvaches (se estas aparecessem em seus versos com muita ênfase, ele seria acusado de nacionalismo).

O notável, no caso, foi o vigor de sua defesa por Svietlóv, um velho bolchevique, bem enquadrado nas normas do "realismo socialista", mas que, apesar das diferenças de formação poética, percebia a importância da contribuição de Aigui. Além da própria alocução do poeta, que não cedeu um milímetro sequer de suas posições, chegando a dizer: "Se quiserem me excluir, excluam. Eu não vou lhes pedir que me deem um pedaço de pão! Não ouvi aqui nenhuma fala que me tenha interessado. Enquanto eu disponha de braços e cabeça, vou tentar viver".

Finalmente, votou-se a expulsão da Komsomol, devido tanto ao conteúdo de seus versos como à falta de pagamento da contribuição mensal, e encaminhou-se um pedido para a sua exclusão do Instituto por dois anos.

Tenho agora em mãos uma cópia da ata daquela sessão, de 12 de março de 1958, um documento estarrecedor.

Na mesma época em que os soviéticos realizavam grandes feitos na corrida espacial, algumas de suas "cabeças pensantes" gastavam horas atacando publicamente um jovem poeta, obrigado então a defender-se de acusações estúpidas.

A própria execução material desse texto já nos diz muito. Uma anotação a lápis, na capa, do próprio Aigui, nos informa que foram produzidos cinco exemplares. Ele ficou muito mal datilografado, com vários lapsos evidentes. A cópia de que disponho está bastante apagada, difícil de ler, o que não se deve apenas ao tempo decorrido, visto que outros textos datilografados na mesma época podem ser lidos facilmente.

Não há, pois, como deixar de chegar a uma conclusão melancólica: a grande potência atômica e militar temia a utilização de um simples mimeógrafo, mesmo em suas instituições burocráticas mais controladas. Como era duro ser, ao mesmo tempo, uma superpotência e um país subdesenvolvido!

B. S.

Моё „Дело" 1958 года.

Здесь везде моя бывшая фамилия „Лисин" („Айги" стал моей паспортной фамилией начиная с 1969 года).

„Дело" это кем-то, где-то отредактировано. Вырезаны самые безобразные места (нападки на М. Светлова, личностные оскорбления меня).

Вырезано самое агрессивное выступление — В. Журавлева (был такой „поэт", впоследствии прославившийся плагиатством, — обобрал... Ахматову).

Г. Айги.

15 апреля 1988.

O meu "dossiê" de 1958

Aqui, aparece sempre o meu antigo sobrenome "Líssin" ("Aigui" passou a figurar em meu passaporte a partir de 1969).
 Este dossiê foi copidescado por alguém, em alguma parte. Foram eliminadas as passagens mais horríveis (ataques a M. Svietlóv, ofensas pessoais a mim).
 Foi eliminada a intervenção mais agressiva, de V. Juravlióv (existiu semelhante "poeta", que se tornaria famoso devido a um plágio – ele roubou de... Akhmátova).

G. AIGUI
15 de abril de 1988

O Enterro e a Prisão

Boa parte da obra de Aigui está marcada pelo trauma que lhe causou a morte de sua mãe, em 1959. Os fatos relacionados a isto foram narrados com intensidade pela irmã do poeta, Ieva Líssina, no texto com que se inicia a recente edição das obras em russo do poeta¹. Ambos foram chamados pela família quando a mãe estava hospitalizada, e se deslocaram separadamente de Moscou para a Tchuváchia. Depois de relatar isto, Líssina transcreve um depoimento de Guenádi, provavelmente um relato oral, sobre o seu regresso após o enterro:

Antes de voltar a Moscou, resolvi ir a Tcheboksári. Chegando lá, dirigi-me à União dos Escritores da Tchuváchia. Ali encontrei Uip-Chumilov[2], que pareceu contente

---

1   Ieva Líssima, *Jivie stranítzi* (Páginas Vivas), em Guenádi Aigui, *Sobrânie sotchiniênii* (Obras Reunidas), 7 volumes, Moscou: Guileia (Hylea), 2009, organização de Galina Aigui e Aleksandr Makárov – Krótkov, v. 1, p. 1-27.
2   Nota da edição original: "Uip-Chumilov Mischchi (1911-1970), poeta tchuvache que desempenhou um papel sinistro na repressão a escritores tchuvaches a partir dos anos de 1930 até o tempo do governo Khruschóv. Uma das ruas de Tcheboksári tem até hoje o seu nome".

de me ver: "Muito bem, eu estava justamente precisando de você. Certa mulher quer conhecê-lo para tratar de um assunto". Uip me passou o endereço dela. "Mas eu devo me dirigir a quem?", perguntei. "A Chumílova". Percebendo a minha surpresa, explicou: "Sim, é minha mulher. Ela quer conversar com você. Vá agora mesmo". Quem me acompanhou foi Iurka[3] Skvortzóv. Estávamos tão entretidos na conversa que, ao nos aproximarmos do prédio, eu nem notei a placa (Ministério do Interior) e fui entrando. À porta, um policial. Comuniquei-lhe meu sobrenome e pedi que chamasse Chumílova. O policial apertou um botão e disse que ela viria logo. Mas apareceram dois outros policiais, acercaram-se de mim, um de cada lado, e me torceram os braços. Eu resisti, exigindo que chamassem Chumílova. Responderam: "Ela vem já". Os policiais me revistaram os bolsos e espalharam na mesa tudo o que havia ali: o passaporte, cigarros, fósforos etc. Passados alguns instantes, apareceu uma mulher de uniforme – era Chumílova. Ela nem chegou a falar comigo, apenas folheou meu passaporte e disse: "Vamos enquadrá-lo como vadio. Já foi excluído da Juventude Comunista e não tem registro de residência". Dizendo o artigo em que eu devia ser enquadrado, retirou-se. Depois disso, levaram-me de carro à casa de detenção. Passei lá mais de uma hora, e então me conduziram à presença do juiz de instrução. Este logo se pôs a gritar: "Vadio, por que viveu na aldeia sem se registrar?". Ele nem me ouvia, ficou gritando, ameaçava-me e, ao mesmo tempo, anotava não sei o quê. Depois repetiu exatamente as palavras de Chumílova: "Nós vamos te condenar como vadio". Citou o mesmo artigo e comunicou-me

[3] Diminutivo de Iúri.

o prazo pelo qual pretendiam me segurar: três anos. Depois, fomos novamente à casa de detenção. Janela com grades, porta trancada: não havia como escapar. Cheguei lá por volta das três da tarde. Já escurecia. Anoiteceu. Depois de meia-noite conduziram-me à mesma sala do juiz de instrução. Mas agora estava sentado ali outro homem. Ele se portava tranquilamente, sem gritar. "Então, você nasceu na aldeia e agora se tornou um vadio?", disse. "Conte-me mais sobre você". E eu comecei a relatar: a minha exclusão da Juventude Comunista, a morte de minha mãe. "Mas por que você não está trabalhando?". "Eu procurei trabalho em Tcheboksári, estive nas redações de A Armadilha e Comunism ialave. Não me admitiram". Eu também lhe disse que "o meu caso" estava ligado a Pasternak. O inquiridor que, até então, conversara comigo em russo, passou a falar-me em tchuvache. "Que Pasternak? Aquele mesmo? Veja bem, eu não estou te interrogando agora, mas diga-me a verdade, diga-me aquilo que você sabe. Você o viu? Que tipo de pessoa ele é?". "Eu o vi. É um santo homem". "E o romance? Você leu?". "Li. Um romance surpreendente".

O homem ficou pensativo. "O que fazer com você? Não foi à toa que te trouxeram aqui. Amanhã mesmo, vão te encarcerar".

Até aquele dia, em público, eu nunca me chamava de poeta. Mas, dessa vez, disse: "Sou poeta. Tenho um livro publicado. O próprio Peder Khuzangai[4] me conhece. Eu fui acompanhado até este prédio por amigos, se eu não sair daqui, eles vão escrever a Nazim Hikmet[5] em

---

4   Famoso poeta tchuvache.
5   O poeta turco Nazim Hikmet (1902-1963) viveu os últimos anos na Rússia, onde teve presença forte na vida cultural.

Moscou" (eu disse isso de propósito, pensando que fosse me ajudar). O homem apenas meneou a cabeça: "Agora, já ninguém vai te ajudar. Se veio parar aqui, ponto final". Ficou pensativo, pesando os prós e contras. "Escute uma coisa," disse depois de algum tempo, "oficialmente, eu não te recebi, não assinei nenhum papel referente a você. Eu assumo o seu caso, vá embora, imediatamente. Lembre-se: amanhã, você não pode mais estar na Tchuváchia". No dia seguinte, devia iniciar-se em Tcheboksári o Festival da Canção, eu queria estar presente. Quando eu disse isso, o inquiridor arregalou os olhos: "Festival da Canção?! Quer dizer que você não está entendendo nada. Agora, para você, cada instante é precioso, é preciso fugir daqui. Não se esqueça: se você for apanhado mais uma vez, não escapa".

Estava clareando. Devia ser perto das quatro. O próprio inquiridor me conduziu para fora do prédio. Eu precisava de dinheiro para a viagem; não sei em que carro fui parar em casa de Iúri Skvortzóv, no povoado Sul. Ele me acompanhou até a estação de Kanasch. Lá eu me meti imediatamente no trem para Moscou. Contaram-me mais tarde que, no dia seguinte, os órgãos de segurança me procuraram em toda parte e interrogaram meus amigos."

Diálogos

Guenádi Aigui e
Mikhail Svietlóv[1]

Durante o "degelo" khruschoviano, houve um momento em que se teve a impressão de que haveria uma aceitação plena do moderno em arte. Foi então que a Litieratúrnaia Gazieta *de Moscou publicou, em 26 de setembro de 1961, uma seleção de poemas de Aigui, precedida da seguinte apresentação pelo poeta Mikhail Svietlóv (1903-1964).*

SOBRE GUENÁDI AIGUI

A juventude do poeta são ainda venezianas cerradas, através das quais se insinua a luz solar. No Instituto de Literatura, onde eu dirigia um seminário, tinha a certeza de ver em Guenádi este sol que se insinuava.

O caso não consiste em que o jovem poeta domine ou não, em medida considerável, o jambo, o coreu ou demais metros. Eu me proponho a ensinar esses metros a qualquer pessoa mais ou menos culta, num prazo curto e por um preço bem razoável. E não é isso que me

---

1   Este sobrenome origina-se de *sviet* (luz).

importa num poeta jovem. O importante para mim é que ele, tendo sobrepujado a confusão de sua primeira mocidade, se torne um *fato* na poesia soviética.

Era complicado trabalhar com Guenádi. Brincando, eu até o chamava de "Baudelaire soviético", o que é praticamente impossível. Admitamos, ele seria incapaz de mostrar um cachorro comum. Ele deveria obrigatoriamente transformá-lo em algum ictiossauro, somente para que o cachorro em questão latisse de modo diferente dos demais de sua espécie.

Durante alguns anos, eu perdi de vista o meu aluno. Ouvi dizer que estava escrevendo muito e trabalhando muito em geral; na Tchuváchia saiu no ano passado, traduzido por ele para a sua língua materna, "Vassíli Tiórkin" de A. Tvardóvski[2]. Agora, acabo de ler novos versos de Guenádi. Agradeço-lhe ter confirmado as minhas esperanças. Embora, de modo geral, fosse o que se devia esperar. Além de tudo o mais, pelo seguinte motivo: quando eu conheci Guenádi, ele ainda falava mal o russo, mas agora é capaz de ler para vocês, em voz alta, Louis Aragon no original. E em que pé está agora o seu domínio da linguagem poética russa, vocês mesmos poderão ver aqui, e justamente por isso eu quis que esta seleção não parecesse muito usual e que nela houvesse também uma tradução linha a linha pelo autor, "Conto sobre a Porteira".

Leiam estes poucos poemas. É inteligente, imbuído de talento e extraordinariamente viçoso. E sobretudo, é à maneira humana. E eu justamente me esforcei para que nos versos de Guenádi o poeta e o ser humano se fundissem

[2] Longo poema narrativo sobre um combatente russo na Segunda Guerra Mundial.

na mesma liga. Mas antes ele era unicamente poeta, o que é, mais uma vez, praticamente impossível.

COMENTÁRIO [B.S.]
Percebe-se claramente que, a par da simpatia pelo jovem poeta e do reconhecimento de suas reais qualidades, Svietlóv estranhava certas características de sua dicção. Muito ligado à tradição poética russa, ele se caracterizava por uma poesia melodiosa, muito próxima da canção popular. Ficara famoso por um poema sobre um episódio da Guerra Civil, "Granada", que aliás fazia eco a uma canção do mesmo nome, muito popular na época, da autoria do mexicano Agustín Lara (1900-1970).
Sem dúvida, um mundo a que Aigui estava completamente avesso. O que ele queria em poesia era a expressão dos grandes momentos da existência, numa linguagem realmente nova. Mas, ao mesmo tempo, a proximidade com Svietlóv, a participação nos seminários que ele mantinha no Instituto em que Aigui estudou, foi extremamente salutar em sua formação.
No livro de Aigui, Razgovor na rasstoiânii (Conversa à Distância), *há uma extensa entrevista sua com Galina Gordiéieva, da qual traduzo, a seguir, a parte referente a seus estudos no Instituto.*

G.G.: Você começou logo a estudar com Svietlóv?
G.A.: Sim, foi justamente quando ele passou a trabalhar lá.

G.G.: Mas Svietlóv, como poeta, certamente não lhe é muito próximo...

G.A.: Sim, Deus me perdoe, às vezes eu chegava a duvidar de que ele fosse poeta... Sua concepção de poesia me era estranha: Svietlóv amava nela os passos de jogo, o subtexto, o inesperado. E eu não gostava disso. Mas ele era poeta de verdade – pelo essencial, por natureza, adorava a poesia, conhecia bem Maiakóvski, os clássicos.

G.G.: Ele não era fechado? Estava aberto a todas as manifestações autenticamente poéticas?
G.A.: Sim, sim, sim.

G.G.: Qualidade preciosa sobretudo num pedagogo.
G.A.: Era um pedagogo nato, raro, único. E mais: era um verdadeiro sábio. Certamente, nas cidadezinhas judias surgiam tais sábios populares, tais pedagogos de Deus: suaves, donos de sabedoria, tolerantes. "O poeta deve ser puro" – disse-me ele certa vez, magoado com algum passo dado por mim. E ele tinha direito a isso, porque era um homem surpreendentemente puro. O que ele nos ensinava não era como escrever versos[3]: ele nos ensinava a diferenciar o bom do ruim, eliminava o mau gosto, a vulgaridade. Ele não ficava explicando o bom e, sim, mostrava o ruim, os absurdos, o mau gosto. E ele fazia isso sem ofender, sem esmagar a pessoa que tinha escrito algo no gênero, mas com um humor tão suave que todos riam, e em primeiro lugar aquele de quem se tratava. Dizia: a minha pedagogia consiste na eliminação dos defeitos pela brincadeira. Eu não vou transformar um não-poeta em poeta; mas eu vou mostrar a uma pessoa o que é ruim e

---

[3] Alusão ao ensaio de Maiakóvski, "Como Fazer Versos?" Está traduzido para o português, em meu livro, A Poética de Maiakóvski Através de sua Prosa, São Paulo: Perspectiva, 1971, p. 167-207.

de mau gosto em poesia e, se ele for poeta, vai encontrar sozinho onde está o bom. Pois bem, ele realizou esse trabalho: uma tarefa imensa. E eu aprendi.

COMENTÁRIO [B.S.]
Certamente, Svietlóv foi uma dessas personalidades que se tornaram verdadeiros catalisadores no mundo intelectual. Por exemplo, dificilmente se encontrará uma personalidade poética mais diferente dele que Marina Tzvietáieva. No entanto, ela perguntava a Pasternak, numa carta de 1927, se ele tinha transmitido lembranças suas ao autor de "Granada", cujo nome havia esquecido, e acrescentava uma paródia do famoso poema.

Ao mandar lembranças, tinha escrito: "Diga a Svietlóv (Jovem Guarda) que sua 'Granada' é meu poema predileto – ia dizendo: o melhor em todos estes anos. Iessiênin não produziu nada assim. Aliás, não diga isto a ninguém, deixe Iessiênin dormir em paz"[4].

Ademais, não esqueçamos: Svietlóv, proveniente de uma família judia pobre da Ucrânia, comunista desde a juventude, respeitado como um combatente da Guerra Civil, ele soube reconhecer as qualidades de Aigui ainda bem jovem, estimulá-lo e orientá-lo, embora os textos que este ia produzindo se afastassem completamente de tudo o que ensinava a tradição russa. Isto a par da grande crise espiritual que o jovem atravessava e que o levou a ficar cada vez mais imbuído de espírito religioso. E como se ainda fosse pouco, Svietlóv o defendeu com muita habilidade e firmeza, quando os guardiães da pureza ideológica o atacaram publicamente.

4 Dúchi natchináuiut vídiet (As Almas Começam a Enxergar), Moscou: Vágrius, 2004, p. 289. Correspondência entre Marina Tzvietáieva e Boris Pasternak.

Sobre Vladímir Maiakóvski
(respostas a uma enquete da *Litieratúrnaia Gazieta*)[1]

1

A sua relação com Maiakóvski se modificou através do tempo? No caso afirmativo, quando isso se deu e como?

Eu me acostumei, desde a adolescência, a me examinar através de Maiakóvski nos momentos de responsabilidade em minha vida.

Foi através dele que, em meados dos anos cinquenta, eu cheguei a Pasternak e, através de *Salvo-conduto*[2], a Baudelaire e Nietzsche.

Mas houve um período triste em que eu não conseguia "ter nada com Maiakóvski", foi o decênio ou mais que se iniciou com a ocupação soviética da Tchecoslováquia. A nossa condição generalizada, sem saída, tornou-se então

---

[1] Publicada em 28 de junho de 1993, como parte de uma enquete suscitada pelo centenário do nascimento de Maiakóvski. Essa data provocou numerosas reações entre os escritores e poetas russos. Não foram poucas então as manifestações que tendiam a diminuir a importância do poeta, que teria sido inflada no período stalinista.

[2] Um dos dois livros autobiográficos de Boris Pasternak.

para mim "pessoalmente existencial", e eu sobrevivi graças a Sören Kierkegaard, Kafka e Max Jacob.

Eu não esqueci Maiakóvski e pensava nele com amargor. Mas também isso passou, e eu voltei a ele, já de modo definitivo, como um fenômeno controlador, que sempre me levava a um estado de responsabilidade perante mim mesmo, que exigia uma coragem artística "secreta", ninguém mais tinha nada a ver.

2

O que, dentre os escritos de Maiakóvski, não o deixa indiferente?

Maiakóvski tem um extraordinário senso de plástica verbal, de arquitetônica verbal. Pode-se até falar de seu genial *pensamento plástico*. E com isso os próprios sentimentos, a incandescência, sua belicosidade, se manifestam com tal gigantismo que lembram Shakespeare e Dostoiévski.

Não se pode aplicar a esse pensador-monumentalista as medidas adequadas a artistas-pensadores de feição elitista--intelectual, às vezes "corretos"por força de uma observação de fora. Aliás, semelhante equívoco se dá a três por quatro.

Em Maiakóvski me atraía e me atrai quase tudo, por força de sua honestíssima e trágica inteireza. O grandioso *litúrgico* de seus poemas confessionais (tanto os primeiros como "A Plenos Pulmões"[3]) é parente do litúrgico grego-ortodoxo de Mússorgski. Considero único também

---

[3] Título de parte de um poema longo de Maiakóvski, escrito pouco antes de se suicidar, em 1930. Esse texto foi traduzido para o português por Haroldo de Campos; ver *Maiakóvski: Poemas*, p. 131-137.

o poema "Bom!" – semelhante frescor de idealismo ativo (que parece quase mágico) não acontecerá nunca mais na poesia russa. No contexto da exposição "A Grande Utopia"[4], nós vemos que fenômeno inusitado são os reclames de Maiakóvski, e as "Janelas da Rosta"[5] já se tornaram um clássico das artes plásticas mundiais. Aliás, o nome da exposição foi mais que infeliz, ele sugere de antemão a sua assimilação unívoca. O caso está em que não se pode confundir os ideais eternos (atuantes no real) da humanidade com a utopia, o utopismo. Mas na referida exposição, muita coisa já é realidade estética efetivada, e para sempre, na própria consciência alterada de milhões de pessoas. Como dizia um velho amigo meu, Malévitch esteve no espaço cósmico antes dos cosmonautas.

Eu sou indiferente apenas em relação aos poemas de agitação de Maiakóvski, aliás, escritos em colaboração com Assiéiev e Kirsanov[6]. Mas eles são interessantes também de um ponto de vista puramente linguístico-poético.

3

Em que você gostaria de o apoiar? E desviá-lo do quê?

Isto é o mesmo que fazer esta pergunta em relação a Beethoven ou Michelangelo.

[4] Realizou-se em 1992, no Museu Guggenheim de Nova York, a rica exposição "A Grande Utopia – A Vanguarda Russa e Soviética, 1915-1932", com obras cedidas por museus russos e pelo Shirn Kunst Halle de Frankfurt.
[5] Rosta era a sigla de Rossíiskoie Tielegráfnoie Aguientstvo (Agência Telegráfica Russa), para a qual Maiakóvski trabalhou em 1919-1921. "Escrevo e desenho. Fiz uns três mil cartazes e umas seis mil legendas" – escreveu ele em "Eu Mesmo" (autobiografia sucinta, que traduzi e incluí em meu livro *A Poética de Maiakóvski Através de sua Prosa*, p. 99).
[6] Os poetas N. N Assiéiev (1889-1963) e S. I. Kirsanov (1906-1972).

Eu não poderia apoiar Beethoven em nada, nem gostaria de desviá-lo de nada.

Maiakóvksi, para mim, é igualmente imenso em tudo. Ele é incomparavelmente maior que a sua época. As atuais "desmontagens" de Maiakóvski estão dirigidas do presente para o passado. No entanto, a assimilação não só estética, mas também ética do poeta exige que se saia do presente para a perspectiva do futuro.

4 – 5

Você consegue conceber Maiakóvski depois de 1930? O que ele faria hoje?

Maiakóvski se perdeu com a revolução que se sufocara (a "sua revolução", como ele mesmo dizia). Ele é o símbolo imenso da ruína da revolução inacabada[7].

Agora, provavelmente, ocorre a conclusão de seu último estádio (um estádio atrasado e como que imitação de algo e de alguém, e por isso parecido com algum "espetáculo de amadores").

[7] Em seu texto sobre os encontros com Pasternak em 1956-1958, Aigui registra a seguinte reação de Pasternak às frequentes acusações de que o romance *O Doutor Jivago* mostrava que seu autor não aceitava a Revolução de Outubro: "O caso não está em que eu não aceitava a Revolução Russa, eu a aceitei do mesmo modo que Maiakóvski. Eu simplesmente achava e continuo achando que *ela não foi concluída*". E Aigui acrescenta (isto foi pouco antes do fim da União Soviética): "Já em nossos dias, eu recebi com estranheza a declaração do atual líder da URSS sobre a *segunda revolução*; pois isto, *em essência, foi dito no mesmo sentido* por Boris Pasternak, há exatamente trinta anos (e ainda mais cedo – pela própria essência histórica de *O Doutor Jivago*)". *A Revolução Inacabada* é também o título de um livro de Isaac Deutscher e existe em tradução brasileira, publicada pela Civilização Brasileira em 1968, mas, naturalmente, Aigui não estava se referindo a esse livro.

Apesar de todas as mudanças, em nossa época, a meu ver não há nada de "imenso-inaudito". Aliás, é isso justamente que testemunha a atual arte, generalizadamente cinzenta, miúda, sentenciosa, em sua manifestação "tradicional" e miudamente paródica na manifestação "de esquerda"[8], e ninguém se propõe "pisar a garganta de seu canto"[9], somente os grandes poetas são capazes disso – em nome da grande palavra. Na minha opinião, foi justamente o que fizeram consigo Baudelaire e Norwid[10].

Maiakóvski não é necessário à nossa época aproximadamente como na época do Renascimento não eram necessários os titãs de têmpera renascentista, com o seu especial e inteiriço vigor da convicção religiosa e humanista.

6

Ele tem futuro?

Estou certo de que Maiakóvski estará voltando e erguendo-se perante a cultura mundial como um grande e sério problema ético-estético e como um problema plástico-vocabular. É muito forte a essência religiosa, lutadora com Deus, de Maiakóvski, e ele vai exigir sempre e sempre a verificação da Palavra, numa chave religioso-existencial, suscitando a manifestação da sua qualidade mais elevada e criadora.

[8]   Na Rússia, costumava-se chamar a arte moderna de "arte de esquerda". Neste caso, trata-se, evidentemente, das tendências mais "pra frente" da arte atual.
[9]   Citação do poema "A Plenos Pulmões", de Maiakóvski, a que me referi anteriormente. Na tradução de Haroldo de Campos, lemos: "Mas eu / me dominava / entretanto / E pisava / a garganta do meu canto", op. cit., p. 132-133.
[10]   O poeta polonês Cyprian Norwid (1821-1883).

Eu Perdi Não Só um Grande Poeta, mas um Amigo, um Guia…

Entrevista dada por Guenádi Aigui à BBC, em 6 de março de 1988, a propósito da morte de René Char[1].

Guenádi Nicoláievitch, o que poderia nos contar sucintamente sobre o seu convívio de poeta com René Char e que durou quase 20 anos?

Entrei em contato com René Char em 1968. Quando saiu a minha antologia em tchuvache, "Poetas de França dos Séculos XV a XX", René Char foi o primeiro a reagir a essa edição. Ele reagiu copiando o endereço da editora em alfabeto cirílico, de modo um tanto desajeitado, e aquele precioso cartão, graças a Deus, me chegou às mãos; e o fato de que o maior poeta de França era o primeiro a me responder já me impressionou por si mesmo. Expressando em resposta a minha gratidão, escrevi a René Char que eu só possuía algumas publicações isoladas de sua obra. Ele

---

[1] A entrevista realizou-se por telefone, em russo, e as perguntas foram feitas por Ígor Pomierantzev. O texto me foi enviado pelo autor.

começou então a me enviar todas as suas edições, acompanhadas frequentemente de vistas de sua terra – Provença, Avignon, Vaucluse – e demos então início a uma ativa correspondência. Eu me dirigia a ele tratando-o de "Mestre", sentia-me, em muito, seu discípulo e certa vez lhe expressei isso diretamente. Ele reagia a tudo com palavras surpreendentemente exatas, que me serviram de apoio nos períodos de um desespero nas trevas, quando minha palavra emudecia, cercada de um silêncio mortífero. E mais ainda, eu fui sentindo, pouco a pouco, em René Char não sei que desejo de me ligar à sua terra, à Provença, ao seu amado Sorgue, que soou para mim de modo simbólico. Eu senti que ele me presenteava com a sua terra. E eis que eu perdi em sua pessoa não só um poeta imenso de nossa época, o maior poeta da Europa, mas também um amigo, um guia. O amigo que, percebendo em mim certa vez uma confusão de sentimentos, escreveu-me: "Sejamos gratos à vida, pelo fato de que às vezes ela não é conosco tão exigente como se costuma pensar". Quantas vezes eu me sentia bem e sem dificuldades com o mundo e a existência, ao lembrar estas sábias palavras de meu querido "interlocutor à distância".

Guenádi Nicoláievitch, o que o atrai na poesia de René Char?

Nos últimos decênios, ou, para dizer melhor, nos anos de após-guerra, ocorreu, talvez até de modo plenamente legítimo, a decadência da Palavra, como o patrimônio mais essencial do homem. A Palavra começou a degenerar e perdeu o seu sentido de força criadora suprema e, pouco a pouco, já nos nossos dias, a poesia transformou-se totalmente em retórica, num, pode-se dizer, jogo linguístico fechado em si mesmo, quando surgiu o culto do desprezo pela vida, pelo mundo como tal, depois surgiu o culto do desespero – na realidade um pseudodesespero, pois sobre esse calculado "desespero" faziam-se simplesmente grandes apostas de ordem bem terrena.

E eis que, em nosso mundo contemporâneo, quando a Palavra decaiu tanto e perdeu a sua dignidade, eu não consigo nomear um poeta que em toda a sua vida tenha conservado extraordinariamente a honra e a dignidade da Palavra Poética, a grandeza dessa Palavra, como o fez René Char. Ele foi um grande estoico, mas também um homem que não se reduzia a um só plano, e que certa vez reagiu assim à palavra "estoico": "Ser estoico significa imobilizar-se e colocar a bela máscara de Narciso". Ele repelia mesmo estas possibilidades de autodefinição, e nesse sentido a sua luta espiritual era a mais elevada possível: se alcançava algo, ele como que imediatamente passava a lutar consigo mesmo e a cindir-se segundo a linha da verdade, era uma imensa vigilância, uma vigilância em nome do espírito em luta.

René Char é um poeta hermético, não é nada simples, e, no entanto, na França ele tem a reputação de um poeta reconhecido, um patriarca, pode-se dizer. Em que medida, na sua opinião, são conciliáveis semelhante hermetismo artístico e um amplo reconhecimento?

Eu tive ocasião de refletir muito sobre esse tema, justamente em relação a René Char. A união da Palavra e da

Vida, no seu caso, sempre se dava de modo estranho. A influência de René Char sobre toda a poesia europeia sempre existiu e continuará existindo. Eu penso que a sua influência é ao mesmo tempo evidente e secreta. Penso que a sua influência secreta foi sempre muito maior que a outra. E isso me parece compreensível, pois em sua poesia, sem dúvida, oculta-se um grande segredo, com o qual nós justamente ligamos a palavra "hermetismo". Quando os leitores deixam de respeitar a Palavra, não levam em conta a Palavra, a Palavra se respeita a si mesma e torna-se orgulhosa no bom sentido; ela não se *fecha*, ela adquire uma dignidade ainda maior em si mesma, a Palavra Poética parece então dizer: "O caso não está em que se queira ou não se queira ter algo a ver comigo. Mas se quiserem isso, deverão ter comigo uma relação muito séria". Eu penso que o assim chamado "hermetismo" significa uma confiança no homem, mas confiança no homem criador, que se torna coautor, copoeta, um igual do poeta. Lendo René Char com muita atenção, verifica-se que ele nunca deixa de trazer luz a uma pessoa e presenteá-la com um brilho peculiar, de lhe trazer sabedoria. No fato de que semelhante personalidade e semelhante poeta, definido frequentemente como "hermético", tenha alcançado um reconhecimento amplo, e se tenha tornado em vida uma glória nacional, nisso, creio eu, se encerra a circunstância de que a noção do popular na arte da palavra se tenha modificado no último meio século, ou até num período maior, e a meu ver radicalmente. O popular não significa o "eternamente" acessível, não é certa clareza engajada, destinada a um vasto público. O popular, e segundo me parece, justamente a obra de René Char demonstra isso, é um luzir complexo das raízes mais profundas da ética e da estética, conjugadas nas fontes da cultura nacional, e que se fazem sentir até hoje, quando as lembramos, quando desvendamos em nós mesmos a fidelidade a elas.

No meu entender, a obra de René Char, como a de ninguém mais, exige que se formule e se resolva de modo novo o problema do popular na arte poética – com uma nova profundidade e uma nova fundamentação teórica.

Você se dirigiu a René Char também com a palavra poética. Por exemplo, é conhecido o poema que lhe dedicou em 1970. Não poderia agora ler esse seu poema para nossos ouvintes russos?

Pois não, vou ler este poema: "Campo: No Forte do Inverno", vou lê-lo despedindo-me, agradecido, do poeta. No início, eu já me referi ao fato de que, nos anos de nosso convívio por correspondência, René Char foi me presenteando, cada vez mais, com imagens de sua terra, de sua região. E com o referido poema de 1970 eu quis, na medida das minhas possibilidades, presentear René Char, meu poeta francês predileto, com a imagem de minha terra – o bem único, o mais caro que eu podia trazer-lhe de presente.

Sono-mundo[1]

---

[1] Tradução de Boris Schnaiderman.

Campo:
No Forte do Inverno

A René Char

fogueira-deus! – é o campo aberto
que se deixa atravessar totalmente por tudo (os marcos
de estrada e o vento e os pontos distantes dos moinhos:
parecem afastar-se – não em vigília – deste mundo: oh!
tudo isto são fagulhas – que não dilaceram a chama da
fogueira não-universal)
– sem vestígios de nada,
fogueira-deus
que não-universal brilha,
1970

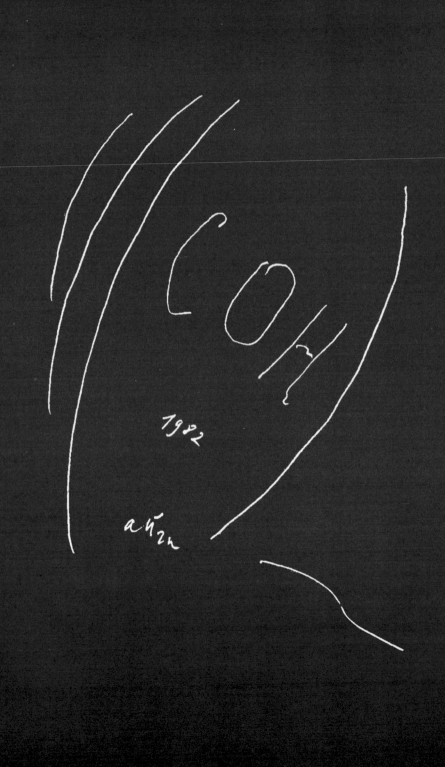

Sono e Poesia

Notas soltas

1

Dezembro – e por mais que nos animemos – de dia ou de noite – atrás das janelas – é sempre uma treva dezembrina.
A vida é o suportar dessa treva.
Semelhante treva dilata os espaços, como que incluindo-os em si, mas ela mesma é infinita. Isto é mais do que cidade e noite – você fica rodeado por certo, País-Intempérie, único, ilimitado.
Você deve sobrepujar ainda algumas horas de trabalho solitário. Você é um dos guardiães da noite – diz Kafka.
Mas você se lembra da possibilidade de Abrigo, mesmo – de Salvação – da angústia soprada pela Intempérie-País.
Finalmente, você estende o cobertor por cima da cabeça, a outra extremidade você dobra sobre as pernas. E eis que já esperas que o sono te rodeie de todos os lados. Te encerre em seu Seio. Certamente não pensas no que isso lembra... Certo retorno? Ao quê? Para onde?

2

Na *Litieratúrnaia Gazieta* – em letras garrafais – um cabeçalho: "Decifrado o Mistério de Morfeu?"
Talvez leiamos em breve: "Decifrada a Vigília?"
Por que o homem – todo – é feito de vigília, é vigília, e o sono é apenas ele, homem, mas também algo "outro"?
Por que nós somos quase alheios a nós mesmos, quando temos *a ver* com o sono?
Pelo visto, não podemos perdoar ao sono o esquecimento, a "perda" de nosso "eu" – aquilo mesmo que nós, ao mesmo tempo, desejamos tanto.
É como se brincássemos com ele "de Morte", sem conhecer o mais essencial sobre a Morte, como as crianças brincam de guerra sem saber do assassínio.

3

Mas lembra-te, antes que o sono interior se dissolva no externo – com a Intempérie-Sono – antes de te tornares, lembrando e não te lembrando de ti mesmo: existente e como que "não-nascido" – lembra-te "daqueles a caminho".
E lembra-te, estremecendo, de Nerval[1]: no frio, na rua deserta... de Nerval batendo na porta do albergue noturno. Que não guardara, que não se lembrava – do nome de sua mãe...

4

Sono-Refúgio. Sono-Fuga-da-Vigília

[1] O escritor e poeta francês Gerard de Nerval (1808-1855).

5

Falando das relações do Poeta com o Público, vamos ter em mente aqui apenas o tempo mais recente em determinados espaços.
E aproveitando o tema proposto[2], interroguemo-nos: onde, em que literatura, se encontra mais sono? Dele há muito na poesia "não-engajada".

6

A vigília é em tal medida "tudo", que não lhe atribuíram um Deus específico, como ao sono.
No entanto, não se trata acaso de uma iluminação diferente do mesmo Mar sem margens – do Existente – pensado-e-impensado?

7

Existem períodos – muito curtos – quando a verdade do poeta e a verdade do público se encontram. É o tempo da atuação pública da poesia. O auditório vive aquilo mesmo que o poeta anuncia do palco, da tribuna. E então nós ouvimos: Maiakóvski.
A verdade pública é a verdade da ação. O auditório quer ação, o poeta conclama para a ação. Há lugar aqui para o sono? Nos futuristas não há sono (ocorrem apenas sonhos, quase sempre – sinistros).

[2] O texto foi escrito por encomenda da revista francesa *Change* para um número planejado sobre o sono na literatura mundial, mas que não chegou a sair. Publicado na revista parisiense em russo, *Kovtchég* (A Arca), 1979, n. 4.

8

Sono-Amor-a-Si-Mesmo.
Um sono "sem pecado", ao que parece, seria possível numa ilha desabitada. Todavia, nós sabemos: Robinson Crusoe, em sua ilha, achou imediatamente para si obrigações perante outros seres vivos. Não esqueçamos também suas orações ao Criador.

9

A Poesia não tem recuos e avanços. Ela – é, permanece. Depois de retirar sua atuação "social", é impossível deixá-la sem a plenitude vital e humana, do aprofundamento, de ser autônoma. E então? – Ela pode evidentemente aprofundar-se também naquelas esferas em que o sono atua com tamanha intensidade. "Ousar" permanecer no sono, enriquecer-se em seu domínio, comunicar-se com ele – nisto, se quiserem, é lenta certeza da poesia em si mesma – ela não necessita que lhe "façam indicações", que lhe "permitam" e que a controlem (também é assim, e em concordância, o seu leitor).
Será que a poesia perde ou adquire algo em tais condições? Seria desejável deixar isso como uma pergunta formulada. O mais importante: ela sobrevive. Expulse-a pela porta, ela se esgueira pela janela.

10

E, apesar de tudo, de onde vem esse lamento por algo ao acordar?
Talvez, inconscientemente, tenhamos saudade do "material" da existência, incinerado – sem nosso conhecimento –

nessa noite – já pela milésima vez – na fogueira negra e silenciosa do Sono?

11

E eis que a verdade da poesia desaparece gradualmente dos auditórios para as vidas individualizadas de uns poucos. O leitor se transforma – ele não está ocupado com "a obra comum" anódina[3] – agora ele vive sua biografia perante o fenômeno problemático da Existência. Não se pode considerar esta sua "obra" como egoística – o viver por ele da existência pode ser exemplar, de controle – como exemplar da vida humana. Este leitor precisa do poeta, que fale somente para ele, somente com ele. O poeta, no caso, é o único interlocutor em que se pode confiar. Muda o "esquema" da relação do poeta com o leitor. Agora, isto não é a partir da tribuna para a sala, para o ouvido, mas sim, a partir do papel (frequentemente não – tipográfico) – para o homem, para o olhar. O leitor não é conduzido, não se apela para ele – conversa-se com ele, como um igual.

12

A condição geral do sono, sua atmosfera "não-visual", é às vezes mais importante e impressiona mais que o próprio sonho. (Parecido com o seguinte: como se o ambiente da sala de projeção atuasse sobre nós com mais força que o próprio filme).

[3] Referência ao livro *Filosofia da Obra Comum*, do pensador russo Ivan Fió-dorov, que suscitou grande interesse em Maiakóvski, devido sobretudo à sua preocupação com uma possível superação da morte, que o poeta ligava aos progressos da ciência, e que se manifestou sobretudo no argumento da peça *O Percevejo*, escrita pouco antes de seu suicídio.

Nunca vou esquecer um sonho meu nada complicado de vinte anos atrás: o sol se põe; na horta, pouco acima do solo, brilham folhas de girassol. Poucas vezes experimentei tamanha perturbação, tamanha felicidade, como daquela vez, "ao ver" aquele sonho.
No caso, não devo "definir segundo 'Freud'". Simplesmente – não quero ("deixem-me em paz").
"Símbolos?" – Vocês podem plenamente encontrá-los.
Mas no círculo de luz deste sono vocês não podem incluir os seguintes fatores importantíssimos (poderão somente considerá-los, mas não vivê-los, pois eles são alheios); eu estava dormindo na entrada da casa natal, na aldeia natal (e além se estendia, como o Mar da Felicidade – o Campo sem margens!), em alguma parte ao lado estava – minha mãe (talvez na mesma horta, talvez as mangas de seu vestido estivessem úmidas por terem tocado a borda da Mata-Guardiã), havia tamanho triunfo da "presença de todos e de tudo"[4] – o que estava ausente ainda se escondia, como se fugisse qual um ladrão da mata...
Sono-Mundo. Sono possivelmente-Universo... Não só com a sua Via Láctea, mas também com a estrela pequena nos arredores de teu povoado, que possivelmente é vista pelo olhar-alma.

13

Espero não se tenha a impressão de que eu considere a "frequência" mais elevada do sono como a particularidade mais importante daquela poesia de que estamos tratando. Ela tem também muitos outros objetivos, além de

---

[4] De um poema do autor – nota de Aigui.

outros "materiais" – por isso mesmo ela é "não-engajada" (e não seria o caso de ela "engajar-se" a favor do sono!) Mas, se já estamos falando de sono, digamos assim mesmo: a ligação da poesia dessa espécie com o Leitor é tão íntima que eles podem partilhar entre si também o sono.

14

Sono-Poesia. Sono-Conversa-consigo-mesmo. Sono-Confiança-no próximo.

15

E a heroicidade da poesia, sua atividade e responsabilidade civil?
Quer dizer, não esqueçamos também que em alguma parte, nos mesmos espaços, perece ativamente Mandelstam – necessário apenas a uma dezena de leitores[5]. O que ele quer não é o *sono*. O que ele conhece – usando as palavras de outro poeta – é somente "uma imensa insônia".

16

Sono – Letes
Leonid Andréiev[6] descreve a ressurreição de Lázaro: ele conheceu algo na Morte e lembra algo – que não tem definição na língua humana.

---

5   Referência ao fim trágico do poeta Óssip Mandelstam (1891-1938), que passou alguns anos completamente isolado, com residência forçada em Vorôniej, de onde sairia para os trabalhos forçados na Sibéria e a morte por exaustão.
6   Leoni Andréiev (1871-1919).

Talvez ele não tenha conhecido nada? (Como chegamos a ser corajosos no "conhecimento" da Morte).
Um amigo que voltou à consciência, depois de um profundo desmaio, diz: "Não houve nada lá onde estive e, depois?... o que dizer? – e agora eu – novamente – sou".
Existem sonos parecidos com este desmaio.
O sono que muitas vezes, com "inexatidão poética", costumam comparar com a morte.

17

Quando a verdade pública é impossível, o poeta-tribuno é substituído pelo poeta de palco[7]. A relação deste poeta com o público assemelha-se a uma combinação de brincar "de verdade" ("a verdade nós conhecemos – nós a deixamos em casa – e não foi para isto que nos reunimos aqui – para quê falar de coisas desagradáveis, é melhor nos divertirmos").
Para quê, no caso, o sono com os seus sobressaltos, com a sua Personalidade complexa, trágica (pois o sono do homem talvez seja a sua ampliada – e confiante em si mesma, Personalidade experimentadora, confessional e exigente?)

18

E apesar de tudo, a comparação do Sono com a Morte (muito frequente, quase generalizada) é convencional e

[7] Aigui refere-se assim aos poetas como Ievguêni Ievtuchenko e Andréi Voznissiênski, que a partir da década de 1960, sobretudo, apareceram em sessões públicas com leitura de seus poemas. Não obstante esses ataques irônicos, Ievtuchenko dirigiu a Aigui o discurso de saudação na cerimônia que marcou o seu pleno regresso à comunicação com o público, realizada em Moscou, em 1988. Foi também Ievtuchenko o prefaciador, com grandes elogios, do primeiro livro de Aigui publicado na Rússia, *Zdiés* (Aqui), que saiu em Moscou em 1991.

aproximada. Mas não ocorre nesse caso como se soubéssemos algo sobre a Morte em Nós (como se nós soubéssemos o que existe Nela)? Conhecemos as Suas pegadas, o nosso medo perante Ela. Comparando o Sono com a Morte, nós, em primeiro lugar, falamos somente sobre esse medo. Fico surpreendido com Schopenhauer, quando ele define tão categoricamente o sono, chamando-o de tempo "tomado a crédito à Morte".

19

A que poetas se teria referido Maiakóvski dizendo "já enjoou", bem no início de seu tão longo caminho? Eram Ânienski, Tiútchev, Fet[8]. Justamente aqueles poetas, na obra dos quais – em toda a literatura russa – há mais sono.
Não há sono em Maiakóvski (o que há são apenas sonhos, inventados, "construtivos"), há muito sono em Pasternak.

20

Mas, ao mesmo tempo, um agradecimento ao Sono (deu vontade de dizer ao Sono-Mãe – é estranho o seu gênero – masculino – tanto em russo como em francês – percebe-se que, apesar de tudo, ele é Deus Sono) um agradecimento a Ele, pelo fato de que Ele não é apenas um esconderijo, um saco de dormir – imitação do Seio da natureza – agradecimentos a Ele porque a ressaca de Suas ondas prepara algo também para o ouvido, algo chamado "poético" – "prepara como se preparam bolinhos" –

8   Os poetas Inokênti. Ânienski (1855-1909), Fiódor Tiútchev (1803-1873) e Afanasy Fet (1820-1892).

lembrados pelo sangue – condensações de som feitas de treva – distribuindo-os – entre vazios – pausas – como sombras – marcos – de espaços não-papeleiros! – que, no entanto, podem determinar também os "espaços-poéticos"; um agradecimento pelos sacro-semblantes – ainda ignorados (ó imagens – minúsculas de cada noite – em pleno sono – imagens luzentes – com sombras-hieróglifos!)...
O vago trabalho "marítimo" de sono! Nós – nós acreditamos nele, como um apaixonado acredita na ação vitalizadora de sua eleita.
Mas – "praticamente" quantas vezes nos dirigimos ao Sono (contra a nossa vontade – e, por conseguinte, com entrega total), buscando uma ajuda "artística". Empregando o pensamento consciente, nós não chegaremos, nem durante a vida inteira, àquelas profundezas da memória que o sono pode evidenciar com uma iluminação súbita. A "fonoteca" e a "fototeca", Potências do Sono, estão, por dádiva do Sono, sempre a nosso dispor, e bem que eles estão providos das "fotografias" e "anotações" dos sentimentos mais complexos, dos mais distantes no tempo – estes, os mais viçosos – das mais sutis observações.
Repito aqui a confidência feita por mim um dia a um dos meus amigos: "Talvez isto seja ridículo, mas devo dizer que eu escrevo o melhor dos meus textos quando estou quase no limiar do adormecer".
Naturalmente, trata-se de um sono especial...
O poeta concordará com alegria se "arranjarem tudo de tal modo" que ele possa viver sem se alimentar. Realmente, seria melhor para ele. Mas, Senhor, não o prives – do sono...

21

"Eu confio nas pessoas que se levantam cedo" – confessa certa mulher jovem.
Existem poetas que não se ocupam do material do sono.
Mas existem aqueles que se ocupam dele, são os lutadores contra o sono, sonolutadores. René Char, Mandelstam são, sem dúvida, "madrugadores".

22

Sono-Murmúrio. Sono-Retumbar.
O homem é ritmo.
O sono, por todos os motivos, deve "autorizar" este ritmo a ser ele mesmo (não se estreitar, não se interromper por ação de outros ritmos) –
Sono-Poema-por-si-mesmo.

23

Pode-se dizer também assim: o homem é o seu sono, na natureza do sono – a personalidade do homem.
O sono de Dostoiévski: "Durmo acordando de noite até 10 vezes, a cada hora e até com intervalo menor, suando com frequência".
Isto se assemelha a um filme, durante cuja exibição, quase obrigatoriamente, ele se rompe. Também semelhança com o fato de que, nos romances de Dostoiévski (sobretudo nas partes conclusivas), uma sucessão de capítulos – em cascata – culmina em explosão de acontecimentos.

24

Assim como o homem toma suas decisões em relação à vida e à morte, ele manifesta sua vontade em relação ao sono.
O sono, dado para repouso, pode ser transformado por ele num meio de autoesquecimento.
O sono-Amor-a-si mesmo.
O viver além de si mesmo. O deliciar-se com os devaneios, os sonhos. Basta – para consolo e alegria – a própria pessoa. O homem vivencia os seus sentimentos, a sua carne, quase "os seus átomos".
Como isto se parece com o amor à embriaguez. (Assim como se parece com os sonhos e com o chamado "delírio de embriaguez").

25

Tema para um pesquisador: "O sono nas literaturas dos países do sul e do norte". Onde há mais?
A treva setentrional – ela mesma envolve o homem, como o vago material do sono.

26

O sono existe nos pólos da antinomia "Felicidade-Infortúnio".
Estreitando estas noções até a antinomia "Alegria-Infortúnio" – o sono desaparece.
O sono gosta de povoar concepções amplas. Vamos descobri-lo na "Guerra", no "combate" ele-não existe.

27

"Mas eu sou de Deus" – disse Vielímir Khlébnikov[9] no poema "Os russos durante dez anos jogavam pedras em mim..."[10], que parece um testamento.
E os seus sonhos eram sonhos de Bem-Aventurança. Os sonos do santo pecador (a ingovernável bem-aventurança do sono).
Zul, filho do azul,
semeia sonados solares e forças
em povoados e jardim.
Fugindo ao dia, fascina-
me com a taça de vinho azul,
fascina-me, filho da terra, qual onda
de alguém cadente, uma perna
após outra.

Uma tal "voz-lira" que dá realmente a impressão: lendo estas linhas, quieto, extasiado, Púschkin[11] soltaria um "ah". Khlébnikov-homem-do-futuro, diferente dos outros futuristas russos, é dos "dormidos", dos que devaneiam. Mas ele é também vigilante como um santo em tentação. Adiante, no mesmo poema, temos:
Meus passos,
passos de um mortal, são ondas em sucessão.
Eu banho os cabelos mortais

9   O poeta russo Vielímir Khlébnikov (1885-1922).
10 Um dos poemas de Khlébnikov dos quais não existe um texto canônico. No terceiro volume da edição em quatro da Wilhelm Fink Verlag, (Munique, 1968-1971), e que reproduz, em fac-símile, as edições russas então disponíveis, diversas passagens desse poema aparecem com variantes, devido principalmente a leituras diferentes do texto manuscrito.
11 Alexander S. Púschkin (1799-1837), poeta e escritor, o iniciador da literatura russa moderna.

na umidade azul
Da tua quieta cachoeira e de repente exclamo,
rompendo os feitiços: a superfície
representada por uma reta unindo
o sol e a terra, em 317 dias,
é igual à superfície do quadrilátero,
um de cujos lados é o semidiâmetro
da terra, e o outro, o caminho que a luz percorre
num ano. E eis que no meu espírito
te ergues, sagrado
número 317, em meio às nuvens
que nele não acreditam[12].

A Vontade joga fora o Sono. E começam os cálculos matemáticos do Tempo (eles preenchem a segunda metade do poema, nós demos aqui apenas uma pequena parte).

28

Sono-Luz... Sono-Banho-de-Luz.
De onde vem este súbito Mar de Luz? Talvez exista o cíclico do retorno da Alegria Fortuita imotivada?

29

O sono de Piétia Rostóv[13] antes de sua morte – não é apenas o sonho – a tal ponto ele está organizado podero-

---

[12] As referências ao número 317 devem-se ao seguinte: em 1916, Khlébnikov resolveu criar uma organização chamada Estado do Tempo, da qual fariam parte 317 homens eminentes, poetas, sábios, revolucionários, eles constituiriam o Governo do Globo Terrestre e seriam os seus presidentes. Aliás, o próprio poeta se proclamava presidente do globo terrestre.

[13] Personagem de *Guerra e Paz* de Tolstói.

samente, pelo talento musical do jovem. Aqui – segunda camada do sonho – o Sono-criador, o Sono-artista, o homem-artista. A plenitude ampliada do homem (tudo nele "se incluiu' – "falou" também o sono-artista, o sono-pessoa). E o que é – como que "se desligou?" – o homem-realidade, ocupado ainda agora, antes disso, com a batalha (não com a totalidade – da Guerra!) – talvez um "homem estreito".

30

Mesmo que nos tenhamos erguido em tempo e não tenhamos dormido nem meia-hora, com prejuízo dos próximos – tanto faz – "depois de acordar, por algum motivo, se tem má consciência – como se tivéssemos culpa diante de alguém" – disse recentemente um de meus amigos.
Estivemos acaso demasiado livremente, "sem olhar para trás", ocupados conosco durante o sono? Ou nos permitimos – "tudo"?
Provavelmente, são sonhos daquela espécie em que a consciência realmente "cochila".

31

Não há sono em meus versos-rosas[14]. Eles são polares em relação aos versos-sonos. A vigília, a amada vigília (eu escrevi também sobre a "perigosa vigília que engloba as pessoas amadas") é a incandescência do florir das rosas.

---

14   Alusão aos seus poemas que tratam de rosas. Ver "Rosa do Silêncio", infra, p. 133.

32

Olhe para a pessoa que um pouco antes disso lhe era desagradável e talvez até suscitasse sentimentos hostis – olhe para ela "em estado de sono".
Você, por algum motivo, sentirá pena. Terá pena de sua roupa com as mangas levantadas, de seus braços. Por algum motivo – seu traje inspira pena (em vigília, seu traje lembrava a armadura "social", "institucional" – até "de família").
Todo ele é confiança em Algo, em Alguém. E, naturalmente, em alguém que é ilimitadamente maior que você – maior que o observador.
Mas, apesar de tudo – há nisso também confiança – em você.

33

Insônia. Não-sono. Um sinistro, beligerante conosco, Antípoda do Sono. Seu duplo com o designativo "Não". Pois, não é que "não estejamos dormindo". E é mais do que Pseudo-Sono. Semelhante a que nos impregne horas a fio a fragmentação dos átomos do "Não". Não a morte, mas o demonstrar da destruição, dos "procedimentos" que preparam o nosso gradual e "natural" fim.

34

E eis que, suponhamos, dorme, tenso, um homem perseguido, e que, em pleno sono, espera um assalto, um apresamento, um golpe. E o seu semblante parece uma tela – ele vai acordar, apenas a sombra tênue tocará a tela. Um semblante transparente, translúcido. E a alma como que espia através desse tabique.

35

O sono é condicionador dos nossos medos. Ele os fortalece, enfraquecendo a resistência a eles.

36

E onde não existe a referida tela-semblante, este tabique transparente ?
Dormem de modo asqueroso (se lhes foi concedido ver) os delinquentes. E aquelas mangas, aquelas partes da roupa e do corpo que, no caso anterior, suscitaram em você comiseração, parecem agora não entregues ao domínio da Vontade divina, mas permanecem reais, "diários", "aptos a viver", e que olham para você do mesmo jeito cotidiano; toda essa reunião de cantos de roupa e saliências de corpo, realmente, está apenas descansando.

37

Ó Sono-Ablução! Como ser digno da tua visita? Lava, leva embora estas imagens – matéria-prima de pesadelos!

38

Nos versos sobre a "insônia" o que mais se encontra é a palavra "consciência". O Não-Sono (não simplesmente "ausência de sono") atinge a haste-âmago do homem.
E o mais "consciencioso" dos poetas russos, que opera sempre e mais que todos com a consciência – Inokênti Ânienski – é o maior mártir da Insônia na poesia mundial.

O seu "Velhas Estonianas" é um poema quase gritante sobre a insônia e traz o subtítulo: "Dos Versos de Uma Consciência de Pesadelo".
Os sonos-versos de Ânienski são de igual modo torturantes, não um aprofundamento no sono, mas uma saída da esfera do sono para a angústia, para as alvoradas frias da autoconsciência que põe à prova e suplicia.

39

E eis que, despertando de repente, na treva, ainda não tendo chegado a arrumar os pensamentos – a ponto de começar com eles de novo a amar a si mesmo – sentirás de súbito que algum "tu" estranho, heterogêneo, e por força da não-vivência de certos vazios, é um lugar parcialmente ilegal; logo compreenderás que nesta medida não estás todo e completamente impregnado "eu", autoconsciência; *como* algo vazio, manifestarás em ti – nos vãos "topograficamente" indefinidos – tanto as "esferas dos restos mortais" as esferas de uma certa "materialidade" inerte, que é construída (tal uma edificação!) , que existe para as pás, para o malho, o vento da rua;
(e eis que, por algum motivo, ficaste num corredor – e o que será se isto for tudo, se a partir daí, tu jamais e a nada voltares: serás – subitamente – anulado de tal modo – tudo é não; logo se apagará o próprio pensamento; e sobrará apenas o corredor – e os que dormem ao lado? – quem representou para eles a conversa, a presença, a existência? – e assim permanecerão – depois – à mesa – tendo escancarado – de espanto – as bocas ?...),
assim, nos intervalos do sono, foste o que de repente apareceu no corredor, – como num beco de certa Névoa deserta, universal.

40

E apesar de tudo, – "vamos imergir na noite".
Ali – há pessoas. Ali, nas profundezas do sono, a comunhão dos vivos e dos mortos.
E assim como não representamos para nós mesmos como "sociais" ou "nacionais" as almas dos falecidos, assim, pelo menos em sono, sejamos confiantes nas almas dos vivos – desejemos a nós mesmos, para isto –, um sono nítido, que nos tenha como que perdoado.
Pois quem mais, além da Poesia, decidirá para si mesma esta ocupação ?

Sobre as Pedras de Prantl

Ele não transforma as pedras em representações.
Cada pedra, em suas mãos, torna-se uma criação única da natureza, uma perfeição – a própria pedra e, ao mesmo tempo, obra-prima do artista. E isso se realiza – pelas linhas, pelas reentrâncias, pelas "calhas" dos toques do escultor.
Minha mulher e eu devíamos viajar para a exposição de Karl Prantl na cidade suíça de Saint-Gall, e eu prometi aos organizadores que chegaria levando algo "em verso", dedicado a Prantl.
Comecei a anotar as linhas deste "em verso" ainda na aldeia da região de Tvier onde passamos nossas semanas anteriores à viagem. Pouco a pouco, os penhascos nos campos e nas matas foram se transformando em "prânteis" – nós dizíamos um ao outro: "Isto fica lá, depois da fonte, onde há quatro prânteis".
Tanto as pedras como os penhascos, naqueles campos de Tvier, são, desde então, nossos "prânteis".
O eminente escultor austríaco Karl Prantl (nascido em 1923) conhece, provavelmente, as pedras de todos os países do mundo. Em muitos, ele viveu, trabalhou e fez exposições de suas obras.

3 de abril de 2000

Verão com Prantl

1
O campo e a pedra.

2
O campo, – engancharam uma canção, – tremor.

3
Novamente – nuvens que lembram algo.

4
Sonho: o Salão-Campo de Prantl.

5
Os lugares das noções: "Partiu", "Ficarão", "Para sempre".

6
Uma pedra, neblina.

7
Mimosas – "não é para gente" (o século – em alguma parte – passou).

8
Penhascos e um pastor (há muito tempo).

9
O campo: a voz de um cuco – de longe: indicação de distância – aqui.

10
Novamente – Salão-Campo de Prantl.

11
"Ele", "aqui-aqui", "Vai entrar".

12
No pinheiro trabalhava cantando – um pica-pau.

13
Um pinheiro.

14
O campo, – uma canção – parece cortada.

15
O caçador e o Penhasco (como – Livro).

16
Página dezesseis: o Sol no horizonte.

17
De novo Outros Objetos – entre os objetos das pessoas.

18
E ele olha através da canção.

19
A pobreza, – um cinzelador.

20
E o fulgir de crepúsculo dos pinheiros no sonho.

21
Campo: o Assobiar da Orfandade.

22
E mais longe – os irmãos-postes, que se abraçam pelas barras-fixas.

23
E – o Amassado do Silêncio.

24
Meu amigo, havia uma aldeia, e as hortas eram poemas, encarnados ao crepúsculo.

25
O rouxinol – escultor do ar.

26
Uma canção, – através da mata se veem as mimosas em flor.

27
Os amuletos dos anjos.

28
Afagando a cabeça da criança.

29
Página: crepúsculo sobre as bétulas.

30
E – o signo do paladino sobre a pedra.

31
O rouxinol, – constrói música (e não "canta").

32
As notícias farfalham nas matas.

33
Novamente – a voz do cuco – parece delinear-se – "tristeza terrena".

34
Simplesmente – luz: Indigência e Pureza.

35
Campo e pedra.

36
O calar-se.

37
Pedra.

*Dieníssova Gorka,
26-31 de maio de 1997*

O Nosso

devo
chegar com meus lábios
aos seus olhos ilimitados

e então hei de me surpreender com as veias pulsando de
leve,
suboculares,
e hei de compreender: é por causa de sua transparência
e de seu incorpóreo
que são assim claros e doentes
esses olhos ligeiramente trêmulos

e eu hei de amá-la com minhas mãos e meus lábios,
com o silêncio, o sono e as ruas dos meus versos
com a mentira – para o Estado
com a verdade – para a vida

com as plataformas de todas as estações
onde estarei pela vez derradeira
olhando os dorsos cálidos e negros
das locomotivas nos desvios

deixando-a
para as filas e os abrigos
das cidadezinhas terríveis da Sibéria
partindo de vez

para a matança dos homens
de meu próprio século

Silêncio

1

no clarão
da angústia desfeita em pó
conheço o desnecessário como os pobres conhecem a
roupa última
e os velhos trastes
e sei que este desnecessário
é o que o país precisa de mim
confiável como um acordo secreto
o calar-se como vida
e para toda a minha vida

2

no entanto, o calar-se é doação, e para mim mesmo: o silêncio

3

acostumar-me a tal silêncio
que seja como o coração que não se ouve bater
como a vida
que pareça um de seus lugares
e nisso eu sou – como a Poesia é
e eu sei
que meu trabalho é árduo e existe para si mesmo
como no cemitério da cidade
a insônia do vigia

1954 – 1956

O Ruído das Bétulas

a V. Korsúnski

e eu mesmo – farfalho:
mas talvez Deus..."

murmúrio nas bétulas:
"morreu..." –

e nós somos
a fragmentação – continuada ? –

e por que
não seria ?

solitárias e vazias se dissiparão as cinzas...

(o murmúrio das bétulas...
no mundo todos farfalhamos...)

e de novo
há de Ressuscitar ?.

...nem chega a doer:
como se fosse para sempre... –
como sobre isto – o ruído
(como que abandonado – o ruído do outono)

1975

Vista com Árvores

Noite. Quintal. Toco em uns pássaros nos ramos – e eles não saem voando. Formas estranhas. E há qualquer coisa de humano – nessa compreensão muda.
Entre as figuras brancas – a observação é tão viva e completa como se visse toda a minha vida aquela única – do alto das árvores escuras: alma.

1979

Guache

a M. Roguínski

Campo semeado de jornais; o vento os desloca (não há fim nem beirada). Vagueio o dia todo, fixo o olhar: o nome é o mesmo (e o esquecimento, também: esqueci e me fixo – o tempo passa: não dá para lembrar); sempre com o mesmo retrato (e de novo – esquecimento). Onde estou ? Para onde preciso voltar ? Anoitecer; descaminho; o farfalhar do papel; a terra – toda – é feita desse campo; treva; solidão.

1979

Fome – 1947

em homenagem a Os Sete Kreutzers, *de Jigmond Móricz*

1

Eu estava diante da mesa nua em que jazia *ela*.
A choupana vazia – parece uma gaveta de não sei que relógio universal, indiferente-oco – como se tivesse batido, até, o sussurro.
E havia ainda minha mãe (é estranho – eu sei – não lembro).
Gostaria de que tudo estivesse ainda mais vazio – dava vontade de bater – em todas as paredes nuas – caminhando prolongadamente – com martelo ou machado – mas – sozinho.
Ela jazia – alongada, imensamente, tudo "natural" – perante o infindável do silêncio e dos trapos: bandeirolas estraçalhadas mortalmente a meio-pau! – "cautelosamente" – na beirada da mesa.
E as pernas – a lã com furos: meias. Como se tivesse subido – para estas tábuas nuas – sozinha, vinda da horta – do mormaço incandescente! – como se – já então estivesse morta.
Tendo comido para muito tempo, fico argumentando – agora, 1979 – eu já consigo.

2

Quando um faminto vive com fome, um ano, dois, três e assim por diante, ele nem sabe que deseja comer, e assim – constantemente – vive apenas pela sua "condição" – como se fosse para sempre! – mas decorrido um ano, dois, três, e apresenta-se a oportunidade de tomar consciência: o que ele quer – é comer.
E eis que, naquele verão, daqueles dois anos, daqueles três, surgiu-me semelhante caso – único – um caso colorido (ele era: assim).
Eu fui avançando, as pernas dela deixaram de esconder o rosto.
O rosto, enorme-inchado, que fora operário-vermelho, cavalar-vermelho, permanecera o mesmo, ainda, enorme-inchado – mas – agora a luzir... – fresco, apelativo... – engomado. E finalmente, assemelhava-se a uma batata – sem feridas, sem ocelos – justamente agora, liberta da casca, e que luz com frescor! Ligeiramente esfriado.
(Nunca vou esquecer, como se eu tivesse visto ontem – sim, estas palavras são as mais exatas).
E me deu uma vontade incrível de comer.
Aproximar-me, polvilhar lentamente de sal. Isto é inerente à batata, estomacal – belo (oh, ainda haverá "poesia", eu serei). – Isto – com sal – e é isto, precisamente isto. Comer.

1979

Sempre Mais Longe
entre as Neves[1]

[1] A tradução dos poemas sem identificação é de Jerusa Pires Ferreira, a partir da edição francesa de León Robel e em diálogo com Boris Schnaiderman, em confronto com o original russo. Cf. Guennadi Aïgui. *Toujours plus loin dans les neiges*, Paris: Obsidiane, 2005.

No Meio do Campo

e ali
se dizem adeus os caminhos – os caminhos se dizem
adeus:
eles se projetam – encontrando-se
no passado (inexprimivelmente-caro)
no futuro (como se ele roesse
em qualquer coisa de "seu" e de dissimulado-hostil
a vida
a vida em clamor)

2001

Recordação Repentina

um cão através dos centeios
corre
como entre os gritos
de toda – repentina – a infância
em meio
ao sol que declina

Página

e se introduz o soar solene do outono: o fulgir de órgão –
dos girassóis

*Dieníssova Gorka,
27 de agosto de 2002*

Jardim-Tristeza

é
(talvez)
o vento
que inclina – tão leve
(para a morte)
o coração

Sem Título

e no campo anda um homem
é como a Voz e a Respiração
entre as árvores que parecem esperar
pelo seu primeiro Nome.

2003

O Povo como Templo

e as almas que nem velas se acendem uma a outra

Aldeia de Romáchkovo,
6 de janeiro de 2002, véspera
de Natal,

Dois Epílogos

1

limpeza da trilha
simplicidade da água –

e um céu – como em sonho
esta altura vê uma – desconhecida de alguém
muito – e mesmo extremamente – outra
pobreza límpida da Terra –

em nós que fala um pouco:
"tanto que estamos no mundo
a fumaça – nas chaminés das cabanas – se esbate"

2

qualquer coisa de um branco esmaecido de hospital
punha no campo em movimento os deslizares
– queira Deus possamos nos tratar com esta quietude –
e a estrada atrás da janela – atrás do portal –
se apagava de mais em mais úmida e triste
"isso é tudo" murmurava-se como se fosse um caminho
da terra[2]

1993/1994

2   Nota do tradutor francês León Robel. Segundo o testemunho do grande poeta tchuvache, Vaslei Mita (1908-1957), o pai de Aigui, um camponês quase analfabeto, cantarolava essas palavras.

Captura do Verão

de repente:

(um comprido "algo" muito "de repente") –
jardim – tal qual visão: brilhando em quartzo!
joia dos caminhos –

faíscas – deste jardim contra as janelas – mais brumosas
quente   nas profundidades
na ruela, clara, a carroça
mais alto – nada além do vento onde estão os pássaros e
as bandeiras! –

fantasmática, a ponte – a poeira quieta – e quente a tábua.

e o rio contorna
dois povoados em sombra na distância –

e a noite cai... –

tão escondida como um coração

agosto de 1995.
De passagem na Mordóvia

Na Doença de um Amigo

Para uma pintura de Leonard Daniltsev

como se tivéssemos visto Deus em sonho – e isto vem à
memória
recompondo-se numa visão esquecida
(desagregando-se ou recomeçando)

da neve nas antigas colinas e estradas
de falas-vestes da infância
do rosto dos animais de sorriso e choro – ao lado – o umbral dos amigos:
vocês – meus queridos: ó pintura, vida
Imediato – Inexprimível
(belo como uma refeição de pobres)

1996

Casímir Malévitch

... e se erguem os campos para o céu
(de um cântico)

onde o guardião do trabalho é apenas a imagem do Pai
não se introduziu o culto do círculo
e as tábuas nuas não pedem ícones

mas de longe – como um canto litúrgico
que desconhece desde agora o contracanto dos padrinhos
e se edifica – cidade imune aos períodos do tempo

assim naqueles anos outra vontade igual vigora,
e se escandia a si mesma –
cidade – página – ferro – clareira – quadrado:
– simples como fogo sob cinzas consolando Vítiebsk[3]
– sob um signo de enigma foi dado e tomado) Vielímir[4]
– o Ele[5] longilíneo fica de longe. para o adeus
– como um final para a bíblia: corte, clímax, Kharmas[6]

---

[3] Em 1918, Chagall foi nomeado diretor da Escola de Arte de Vítiebsk, convidando depois Malévitch e Lissítzki como professores. Em 1920, Malévitch fundou nessa cidade o grupo UNOVIS de artistas suprematistas.

[4] Provável referência a Vielimir Khlébnikov, amigo de Malévitch. No texto do poema, conservamos a pronúncia mais familiar para os russos.

[5] Ver o poema "Louvação do Ele" de Khlébnikov, em B. Schnaiderman; A. de Campos e H. de Campos, *Poesia Russa Moderna*, São Paulo: Perspectiva, 2009.

[6] Jogo com o sobrenome (pseudônimo) do poeta Daniil Kharms.

– em tábuas por outros lavradas
– esboço de esquife branco[7]

e – erguem-se – campos – para o céu
de cada um – eis – um rumo
para cada – estrela
e bate a ponta do ferro dirigindo-a
sob uma aurora mendiga
e o círculo cumpriu-se: visto como do céu
um trabalho para se ver como do céu

1962
*[Tradução de Haroldo de Campos
e Boris Schnaiderman]*

---

[7] Antes de morrer, Malévitch fez um projeto "suprematista" para seu caixão.

Atítulo

mais nítido que o coração de qualquer árvore única

e:

/ Partes silenciosas – apoios da força maior do canto. Esta, não se contendo, abole o audível. Partes não-ideias, – se o "não" ficou claro.

1964
[*Tradução de Haroldo de Campos
e Boris Schnaiderman*]

Sobre a Leitura em Voz Alta do Poema "Atítulo"

Anuncia-se o título tranquilamente e a meia voz. Depois de uma pausa prolongada:

Pausa não mais que a primeira.
Profere-se com clareza, sem entonação, a linha: "mais nítido que o coração de qualquer árvore única".
Depois de outra pausa prolongada:

Novamente, pausa prolongada.
Deve-se ler a linha: "e" com uma elevação perceptível de voz.
Lê-se a parte em prosa, depois de nova pausa, duas vezes mais longa que a anterior: devagar, com um mínimo de expressividade.

E: Círculo do Amor[8]

E: círculo
do amor
       à querida Jerusa
Rosa chamejante do Brasil
Linhagem-de-flor-do- "Caderno"
da antiga Nogueira Búlgara
diante da presença baixo-murmurante
das Plantas-Que-Não-Se Parecem – Com Nada
(segundo palavras Gália
de uma certa – ei-la! – Moita Lilás)
    Gália se corrige:
"Boris? Talvez o tenho
araucariamente-firme
mas -o melhor é dizer – Constante"
                          com amor
                              Aigui

---

[8] Poema escrito em casa do poeta, em Moscou, por ocasião de visita de Boris Schnaiderman e Jerusa Pires Ferreira.

18 de Julho de 1987
[tradução Haroldo de Campos
e Boris Schnaiderman]

> Владимир Яковлев. 1962.
> Рисунок из больничного альбома. Психолечебница им. Ганнушкина.
>
> И: круг
>   любви
>
> милой Перуце
> плачущей Розе Бразилии
> родственник-цветочек-к-"Тетради"
> от старого Орешника Булгарского
> при тихо-шуршащем присутствии
> Растений-Ни-На-Что-Непохожих
> (по выражению Гали
>   такого Куста-Вот-Сиреневого)
> а Галя тут оговаривается:
> «Борис? Это может быть Древо
>   араукария-столько
>   а лучше сказать Постоянное»
>
>   с любовью
> 18 июля 1987,   А-й-аи
> Москва, метро «Южная–ВДНХ»

O texto deste poema foi escrito em nossa presença, em casa do poeta, no verso de um desenho de seu amigo Vladímir Iácovlev, e que fora realizado em 1962, num hospital psiquiátrico (V. a reprodução ao lado).

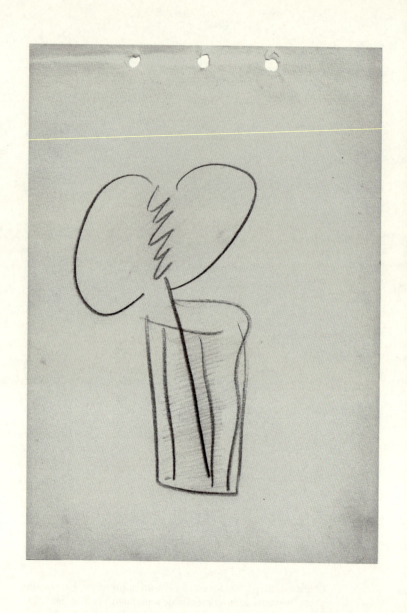

Rosa do Silêncio

para B. Schnaiderman

e agora
o coração
ou apenas ausência
uma vacância tensa – como quando arrefece
aos poucos
à espera
o sítio da prece
(o puro – permanência – no puro)
ou – aos arrancos a incipiente dor
(ou – às vezes possivelmente
dói – à criança)
frágil desnudo-viva
qual impotência de pássaro,

9 de Junho 1983
3 hs. da manhã/3 hs. da tarde
rua Iassiênievaia/Teatro Bolchói

[*tradução de Haroldo de Campos
e Boris Schnaiderman*]

Dedicatória[9]

A meu querido Boris –
(também: abraçando com ardor
a nossa querida Jerusa!) –

– como a um Irmão de Sangue
(no primordial vitalício
Parentela – e a Família!)
o quanto – inseparáveis – nós sofre-
mos: juntos! –

("oh, isto permanece" – como algo eterno!... –
qual dádiva preciosíssima:
em nossa resistência vital...) –
com amor, com fidelidade e ternura:
Guena

---

[9] O texto acima foi escrito por Aigui, com a sua letra tão firme, tão bela, no frontispício de seu livro *Zdiés* (Aqui), o primeiro publicado na Rússia (1991), após tantos anos de silêncio forçado. Vacilei muito antes de traduzi-lo para este livro, mas acabei achando que o leitor tem direito de conhecer a imensidão de carinho e humanidade que havia naquele homem. – B.S.

Дорогому моему Борису –

(также: горячо обнимая
любимую нашу Ирусу!) –

– ... как с Братом родным
(в изначально-пожизненной
Родне-и-Семье!)
сколько – неразлучно – пережи-
ли мы: вместе! –

("о да остается" – как вечное! –
как драгоценнейший дар:
в нашем жизневыдерживании...) –

с любовью, с верностью,
нежностью:

Гена

Depoimentos

É fácil supor que a sensibilidade peculiar de Aigui para as coisas da natureza esteja ligada a um paganismo ainda muito próximo. Mas ela se liga também ao atual "momento da civilização", com a vivência aguçada da fragilidade e do precioso de tudo o que é vivo, e que logo se reconhece como uma experiência contemporânea ao extremo. Não encontraremos nada de etnográfico, de estilizado, na linguagem poética de Aigui. Trata-se, evidentemente, de uma "linguagem pós-Heidegger", uma linguagem não de nomes, de palavras, mas de palavras sobre palavras: em termos gerais, metalinguagem.

OLGA SIEDAKOVA

Quietude e Silêncio não são para Aigui simples palavras, nem noções abstratas, mas sensações ontológicas fundamentais.

VLADÍMIR NÓVIKOV

Quero citar agora um poeta extraordinário da vanguarda russa contemporânea – Guenádi Aigui.

ROMAN JAKOBSON

Em muitos poemas de Aigui, o sofrimento, a perda e a ausência associam-se com a infância e a aurora. Aigui é o poeta da luz.

PETER FRANCE

Aigui é a voz mais original da poesia russa contemporânea e uma das vozes mais inusitadas no mundo.

JACQUES ROUBAUD

A obra de Aigui, sua irradiação internacional, o caminho que teve em [...] seu próprio país, nos convidam a nos interrogarmos sobre a cultura do final do segundo milênio, sobre o papel que nela desempenha a poesia, sobre suas dificuldades e seus poderes.
Como foi possível que de um povo afastado durante séculos das grandes estradas da História tenha saído o poeta mais característico, talvez, deste momento da história? Como se dá que uma obra cujo autor reivindica o hermetismo como uma cortesia seja daquelas que trazem mais luz sobre esse tempo?
Eis mistérios que nos será necessário tentar esclarecer. Enunciá-los já significa indicar em que altura se situa essa poesia.

LÉON ROBEL

Esta foto documenta a sessão em homenagem aos 60 anos de Aigui, que teve lugar em Paris, no Centro Georges Pompidou, em dezembro de 1994. Aparecem, da direita para esquerda, o poeta chinês Song Lin, Boris Schnaiderman, o poeta polonês Victor Voroszilaski, Guenádi Aigui, o poeta e escritor francês Leon Robel, o estudioso de arte dinamarquês Troels Andersen e o teórico da literatura e escritor inglês Peter France. Em suma, temos o poeta em meio a seus tradutores.

Cada um de nós leu uma saudação, tendo sido a minha elaborada com a ajuda da minha amiga Sabina Kundamn, professora da USP.

Referências das Imagens

ABERTURA 1 Aigui com sua mãe.
ABERTURA 2 Aigui com a filha Veronica.
ABERTURA 3 Guenádi Aigui.

PAG. 8	Aigui na sua aldeia natal, 1988.
PAG. 16	*Autorretrato*. G. Aigui.
PAG. 46	Fac-símile de comentário escrito por Aigui sobre o "dossiê" de 1958 do Komsomol.
PAG. 76	*Sono*. Desenho de G. Aigui.
PAG. 96	Uma escultura de Prantl.
PAG. 102	Casa em que o poeta residiu em Moscou de 1975 a 1977.
PAG. 108	Aigui junto ao mosteiro de Saint-Benoît-sur-Loire, França, 1988.
PAG. 116	Guenádi Aigui, s/d.
PAG. 131	Fac-símile de "E: Círculo do Amor", poema dedicado à Jerusa Pires Ferreira.
PAG. 132	*Flor num Vaso*. Guache de Iacoulev.
PAG. 135	Fac-símile de "Dedicatória", poema dedicado à Boris Schnaiderman.
PAG. 139	Sessão de homenagem aos 60 anos de Guenádi Aigui, em Paris.
PAG. 139	Haroldo de Campos com Guenádi Aigui em Copenhague, 1993.

COLEÇÃO SIGNOS
HAROLDIANA

1. PANAROMA DO FINNEGANS WAKE • James Joyce (Augusto e Haroldo de Campos, orgs.)
2. MALLARMÉ • Augusto e Haroldo de Campos e Décio Pignatari
3. PROSA DO OBSERVATÓRIO • Julio Cortázar (Trad. de Davi Arrigucci Júnior)
4. XADREZ DE ESTRELAS • Haroldo de Campos
5. KA • Velimir Khlébnikov (Trad. e notas de Aurora F. Bernardini)
6. VERSO, REVERSO, CONTROVERSO • Augusto de Campos
7. SIGNANTIA QUASI COELUM: SIGNÂNCIA QUASE CÉU • Haroldo de Campos
8. DOSTOIÉVSKI: PROSA POESIA • Boris Schnaiderman
9. DEUS E O DIABO NO FAUSTO DE GOETHE • Haroldo de Campos
10. MAIAKÓVSKI – POEMAS • Boris Schnaiderman, Augusto e Haroldo de Campos
11. OSSO A OSSO • Vasko Popa (Trad. e Notas de Aleksandar Jovanovic)
12. O VISTO E O IMAGINADO • Affonso Ávila
13. QOHÉLET/O-QUE-SABE – POEMA SAPIENCIAL • Haroldo de Campos
14. RIMBAUD LIVRE • Augusto de Campos
15. NADA FEITO NADA • Frederico Barbosa
16. BERE'SHITH – A CENA DA ORIGEM • Haroldo de Campos
17. Despoesia • Augusto de Campos
18. PRIMEIRO TEMPO • Régis Bonvicino
19. ORIKI ORIXÁ • Antonio Risério
20. HOPKINS: A BELEZA DIFÍCIL • Augusto de Campos
21. UM ENCENADOR DE SI MESMO: GERALD THOMAS • Silvia Fernandes e J. Guinsburg (orgs.)
22. TRÊS TRAGÉDIAS GREGAS • Guilherme de Almeida e Trajano Vieira
23. 2 OU + CORPOS NO MESMO ESPAÇO • Arnaldo Antunes
24. CRISANTEMPO • Haroldo de Campos
25. BISSEXTO SENTIDO • Carlos Ávila
26. OLHO-DE-CORVO • Yi Sán^g (Yun Jung Im, org.)
27. A ESPREITA • Sebastião Uchôa Leite
28. A POESIA ÁRABE-ANDALUZA: IBN QUZMAN DE CÓRDOVA • Michel Sleiman

29. MURILO MENDES: ENSAIO CRÍTICO, ANTOLOGIA E CORRESPONDÊNCIA • Laís Corrêa de Araújo
30. COISAS E ANJOS DE RILKE • Augusto de Campos
31. ÉDIPO REI DE SÓFOCLES • Trajano Vieira
32. A LÓGICA DO ERRO • Affonso Ávila
33. POESIA RUSSA MODERNA • Augusto e Haroldo de Campos e B. Schnaiderman
34. REVISÃO DE SOUSÂNDRADE • Augusto e Haroldo de Campos
35. NÃO • Augusto de Campos
36. AS BACANTES DE EURÍPIDES • Trajano Vieira
37. FRACTA: ANTOLOGIA POÉTICA • Horácio Costa
38. ÉDEN: UM TRÍPTICO BÍBLICO • Haroldo de Campos
39. ALGO : PRETO • Jacques Roubad
40. FIGURAS METÁLICAS • Claudio Daniel
41. ÉDIPO EM COLONO DE SÓFOCLES • Trajano Vieira
42. POESIA DA RECUSA • Augusto de Campos
43. SOL SOBRE NUVENS • Josely Vianna Baptista
44. POEMAS-ESTALAGTITES • August Stramm
45. CÉU ACIMA: UM TOMBEAU PARA HAROLDO DE CAMPOS • Leda Tenório Motta (org.)
46. AGAMÊMNON DE ÉSQUILO • Trajano Vieira

COLEÇÃO SIGNOS

47. ESCREVIVER • José Lino Grünewald (José Guilherme Correa, org.)
48. ENTREMILÊNIOS • Haroldo de Campos
49. ANTÍGONE DE SÓFOCLES • Trajano Vieira
50. GUENÁDI AIGUI: SILÊNCIO E CLAMOR • B. Scnhaiderman e J. P. Ferreira (orgs.)
51. POETA POENTE • Affonso Ávila

Este livro foi impresso na cidade de São Paulo,
nas oficinas da Orgrafic Gráfica e Editora Ltda,
em dezembro de 2010, para a Editora Perspectiva S.A.